はじめに

JN001285

「サービス接遇」とは何でしょうか。「サービス」には「満足を提供する」という意味があります。そして「接遇」は、「相手を思いやる気持ちを表現する」ことをさします。「思いやる気持ち」を形にして相手をもてなすことは、とても難しいことですが、こうした「サービス接遇力」が、今、サービス業だけでなく、人と接するあらゆる場面で必要とされています。

　この本を読まれている方の中には、サービス業を経験されたことのない方もいらっしゃるかもしれません。私が教えている大学・専門学校でも、接客をしたことがない学生がほとんどです。ですので、授業の際に「接客をやったことがないから分からない」という声をよく聞きます。

　確かに、接客をしたことがなければ、少し引け目を感じるかもしれません。しかし、接客未経験であったとしても、「お客さまとして接客に触れたことはある」はずです。そうであれば、そのシーンを思い出し、また想像しながら、十分に問題に対応できるでしょう。

　本書の本文中でも何度も述べておりますが、サービスで一番大事なことは「お客さまの立場で考える」ということです。それがサービスの本質です。サービスの経験があるからといって、この視点が抜けていれば、サービス接遇検定はもちろん、実際のサービスでも不合格になるでしょう。

　「お客さまの立場で考える」ということは、「相手の立場で考える」ということです。サービスの現場であっても、日常の社会生活であっても、たくさんの人とかかわっていく上で「相手の気持ちを想像して思いやる力」はとても大切な力です。その力を、サービス接遇検定を勉強していく中で養っていただければ幸いです。

サービス接遇検定面接試験委員　原田昌洋

本書の特長と活用のポイント

本書は、「サービス接遇検定」準1級、2級、3級合格のためのテキスト、問題集です。2級、3級は出題領域がほぼ同じです。2級のほうが3級よりも高い理解力、応用力が求められますが、本書では、どの級の受験者でも使えるよう要点をまとめ、各章ごとに順を追って学習していくことで、試験に合格するための知識が自然と身につくように構成されています。準1級については、2・3級をふまえた面接試験です。対策の章を用意しました。赤シートを活用して効率よく学習を進めましょう。

（本書は2023年8月時点の情報に基づき編集しています）

Step1

テキスト学習で
要点を押さえる！

テキストは2級、3級共通で、イラストを用いて要点を分かりやすくまとめてあります。大事な部分は赤シートで隠せるようになっているので、赤シートを活用して試験で問われるポイントを押さえましょう。

イラストで
わかりやすい

重要
ポイントを
赤シートで
隠せる

Step2

問題を解きながら
知識を深める！

「○×でチェック！」もStep1のテキストと同様に2級、3級共通です。問題を解きながらさまざまな事例を知り、より知識を深めることができます。各ページ左側の□は、正解したらチェックを入れる欄です。解答・解説を赤シートで隠しながら、すべてにチェックがつくまで繰り返し解いてしっかり覚えましょう。

正解したら
☑にチェック

解答・解説を
赤シートで
隠せる

赤シートの使い方

本書には赤シートがついています。テキストの重要部分や
問題の解答・解説を隠しながら学習することができます。

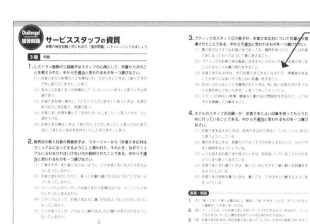

Step3
復習問題で
理解度を確認！

各章の最後にある「Challe
nge! 復習問題」では、そ
の章で学んだことが身に
ついているか、確実に正
解できるかを、2級、3
級ごとに確認することが
できます。間違えた問題
は解説をよく読み理解す
るようにしましょう。

各章、
級ごとの
復習問題

本番と
同じ形式の
模擬試験

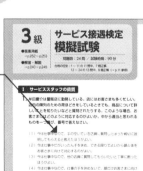

Step4
模擬試験で本番の
雰囲気に慣れる！

p.210 からは、2級、3
級それぞれ1回分ずつ、
本番の検定試験と同じ
出題形式、問題数の模
擬試験、解答・解説を
収録しています。時間
を計り、実際の試験に
臨むつもりでチャレン
ジしてみましょう。

3

もくじ

はじめに ……………………………………………………………………………… 1
本書の特長と活用のポイント ……………………………………………………… 2

序章　検定試験ガイダンス

サービス接遇検定の概要 …………………………………………………………… 8
学習のポイント ……………………………………………………………………… 12
受験の際の心構え …………………………………………………………………… 14

第1章　サービススタッフの資質

サービススタッフの心構え① …………………………………………………… 16
サービススタッフの心構え② …………………………………………………… 18
サービススタッフの心構え③ …………………………………………………… 20
○×でチェック！　サービススタッフの心構え ……………………………… 22

サービススタッフの所作① ……………………………………………………… 24
サービススタッフの所作② ……………………………………………………… 26
サービススタッフの所作③ ……………………………………………………… 28
○×でチェック！　サービススタッフの所作 ………………………………… 30

サービススタッフの身だしなみ ………………………………………………… 32
○×でチェック！　サービススタッフの身だしなみ ………………………… 36

Challenge! 復習問題 サービススタッフの資質 3級 ……………………… 38
Challenge! 復習問題 サービススタッフの資質 2級 ……………………… 40

【column】 応対マニュアルの意味 ……………………………………………… 42

第2章　専門知識

サービスの意義と機能① …………………………………………………………… 44
サービスの意義と機能② …………………………………………………………… 48
○×でチェック！　サービスの意義と機能 ……………………………………… 50

サービスの種類① …………………………………………………………………… 52
○×でチェック！　サービスの種類① …………………………………………… 54

サービスの種類② …………………………………………………………………… 56
○×でチェック！　サービスの種類② …………………………………………… 58

サービスの種類③ …………………………………………………………………… 60

○×でチェック！　サービスの種類③ ……………………………………62

サービスの種類④ ……………………………………………………64
○×でチェック！　サービスの種類④ ……………………………………66

覚えておきたい商業・経済用語 ………………………………………68
○×でチェック！　覚えておきたい商業・経済用語 ………………………76

Challenge! 復習問題 専門知識 3 級 ………………………………78
Challenge! 復習問題 専門知識 2 級 ………………………………80

【column】 知っておきたい AIDMA（アイドマ）の法則 ………………82

第3章　一般知識

ことわざ・慣用句 ……………………………………………………84
○×でチェック！　ことわざ・慣用句 ……………………………………96

特殊な呼び方・名称・数え方 …………………………………………98
○×でチェック！　特殊な呼び方・名称・数え方 ……………………104

カタカナ用語・国際用語略語 ……………………………………106
○×でチェック！　カタカナ用語・国際用語略語 ……………………110

Challenge! 復習問題 一般知識 3 級 ……………………………112
Challenge! 復習問題 一般知識 2 級 ……………………………114

【column】 笑顔の効果と作り方 …………………………………116

第4章　対人技能

接遇者としての受け応え ……………………………………………118
○×でチェック！　接遇者としての受け応え …………………………128

接遇者としてのマナー ……………………………………………130
○×でチェック！　接遇者としてのマナー ……………………………138

人間関係の基本 ……………………………………………………140
○×でチェック！　人間関係の基本 …………………………………144

接遇知識 ……………………………………………………………146
○×でチェック！　接遇知識 …………………………………………150

Challenge! 復習問題 対人技能 3 級 ……………………152
Challenge! 復習問題 対人技能 2 級 ……………………154
【column】「バイト敬語」に気をつけよう ……………………156

第5章　実務技能

問題を処理する ……………………………………………158
○×でチェック！問題を処理する ……………………………160

環境を整備する ……………………………………………162
○×でチェック！　環境を整備する …………………………164

金銭の受け渡し ……………………………………………166
○×でチェック！　金銭の受け渡し …………………………168

金品の搬送・管理 …………………………………………170
○×でチェック！　金品の搬送・管理 ………………………172

社交儀礼の業務 ……………………………………………174
○×でチェック！　社交儀礼の業務 …………………………182

Challenge! 復習問題 実務技能 3 級 ……………………184
Challenge! 復習問題 実務技能 2 級 ……………………186

【column】検定試験記述問題対策 …………………………188
【column】身に付けたい"大人の言葉遣い" ………………192

第6章　サービス接遇検定準1級　面接試験対策

面接試験の概要 ……………………………………………194
面接試験の審査のポイント ………………………………196
第1課題「基本言動」………………………………………202
第2課題「接客応答」………………………………………204
第3課題「接客対応」………………………………………206
面接試験　直前チェックシート …………………………208

サービス接遇検定　模擬試験

サービス接遇検定 模擬試験 3 級 …………………………210
サービス接遇検定 模擬試験 2 級 …………………………225
サービス接遇検定 模擬試験 解答・解説 3 級 ……………240
サービス接遇検定 模擬試験 解答・解説 2 級 ……………246
サービス接遇検定 試験答案用紙 3 級 ……………………252
サービス接遇検定 試験答案用紙 2 級 ……………………254

序 章

検定試験
ガイダンス

学習を始める前に、「サービス接遇検定」の概要、
出題範囲や出題数、審査基準などを確認しておきましょう。
出題の傾向と対策を知り計画的に学習することで、
無駄なく知識を身に付け、一発合格をめざすことができます。

この章のポイント

- ☑ サービス接遇検定の概要
- ☑ 学習のポイント
- ☑ 受験の際の心構え

> 検定の概要は本書編集時点のもので、変更となること
> があります。受験される方は、必ずご自身で試験実施
> 団体の公表する最新情報を確認してください。

サービス接遇検定の概要

● サービス接遇検定とは

　「サービス接遇検定」とは、サービス業をはじめとするあらゆる場面で必要となる接客応対、サービス接遇力を、知識・技術の両面から認定する検定試験です。今、販売店、小売店をはじめとするサービス業だけでなく、あらゆる業界でこうした接客・サービス接遇力の重要性が再認識されています。検定試験合格をめざして学ぶことで、相手の気持ちを理解しようとする力、思いやりのある応対の仕方、行動への移し方など、さまざまな場面で役立つ知識と技術を身につけることができます。

● 実施されている級位と程度

級位	試験の方法	知識・技能の程度	合格率
3 級	筆記	サービス接遇実務について初歩的な理解を持ち、基本的なサービスを行うのに必要な知識、技能を持っている。	65〜80%
2 級	筆記	サービス接遇実務について理解を持ち、一般的なサービスを行うのに必要な知識、技能を持っている。	60〜75%
準1級	面接	2級試験合格者を対象に、サービス接遇担当者としての口頭表現について面接による簡単な審査を行う。	70〜80%
1 級	筆記 面接	サービス接遇実務について十分な理解、および高度な知識、技能を持ち、専門的なサービス能力が発揮できる。	25〜35%

※合格率は実施回によって異なります。

● 受験資格

年齢、学歴、実務経験などを問わず、どなたでも受験できます。

● 試験実施の時期

年2回、6月と11月に実施されています。（準1級は公式サイトをご確認ください）

● 申し込みから合否の通知まで

1）**受検する級を決める**

WEBサイトで受験要項を確認し、受験する級を決めましょう。3級と2級、準1級は併願が可能です。

2）**申し込みをする**

申し込みは、公式サイトから行えます。

3）**受験票の交付**

試験日の約2週間前までに、受験票が届きます。

4）**受験**

受験票に記載されている会場で試験を受けます。

5）**合否の通知**

試験の約1か月後に、受験者に合否の通知が届きます。

試験に関するお問い合わせ先

公益財団法人 実務技能検定協会

https://jitsumu-kentei.jp/SV/index

〒169-0075　東京都新宿区高田馬場 1-4-15

TEL：03-3200-6675　FAX：03-3204-6758

● サービス接遇実務審査基準

　3級、2級は筆記試験のみが行われます。3級では初歩的な理解が求められ、2級では、より深い理解が求められます。領域と審査基準を確認しておきましょう。

	領域	内容〈3級〉	内容〈2級〉
I サービススタッフの資質	(1) 必要とされる要件	①明るさと誠実さを、備えている。	①明るさと誠実さを、備えている。
		②適切な判断と表現を、心得ている。	②適切な判断と表現ができる。
		③身だしなみを心得ている。	③身だしなみを心得ている。
	(2) 従業要件	①良識を持ち、素直な態度がとれる。	①良識を持ち、素直な態度がとれる。
		②適切な行動と協調性が期待できる。	②適切な行動と協調性のある行動を、とることができる。
		③清潔感について、理解できる。	③清潔感について、理解できる。
		④忍耐力のある行動が期待できる。	④忍耐力のある行動を、とることができる。
II 専門知識	(1) サービス知識	①サービスの意義を、一応、理解できる。	①サービスの意義を理解できる。
		②サービスの機能を、一応、理解できる。	②サービスの機能を理解できる。
		③サービスの種類を知っている。	③サービスの種類を理解できる。
	(2) 従業知識	①商業用語、経済用語が理解できる。	①商業活動、経済活動が理解できる。
			②商業用語、経済用語が理解できる。
III 一般知識	(1) 社会常識	①社会常識が理解できる。	①社会常識がある。
		②時事問題を、一応、理解している。	②時事問題を理解している。
IV 対人技能	(1) 人間関係	①一般的に、人間関係が理解できる。	①人間関係の対処について、理解がある。
	(2) 接遇知識	①対人心理が理解できる。	①顧客心理を理解し、能力を発揮することができる。
		②一般的なマナーを心得ている。	②一般的なマナーを発揮できる。
		③接遇者としてのマナーを心得ている。	③接遇者としてのマナーを、発揮することができる。
	(3) 話し方	①接遇用語を知っている。	①接遇用語を知っている。
		②接遇者としての基本的な話し方が理解できる。	②接遇者としての話し方ができる。
		③提示、説明の仕方が理解できる。	③提示、説明ができる。
	(4) 服装	①接遇者としての適切な服装が理解できる。	①接遇者としての適切な服装ができる。
V 実務技能	(1) 問題処理	①問題処理について、理解できる。	①問題処理について、対処できる。
	(2) 環境整備	①環境整備について、理解できる。	①環境整備について、対処できる。
	(3) 金品管理	①金品の管理について、理解できる。	①金品の管理について、能力を発揮できる。
	(4) 金品搬送	————	①送金、運搬について、理解できる。
	(5) 社交業務	①社交儀礼の業務について、理解できる。	①社交儀礼の業務について理解し、対処できる能力がある。

● 問題数

　3級、2級とも、左ページの「サービス接遇実務審査基準」に基づき、Ⅰ〜Ⅴの5領域で合計24問が出題されます。そのうち、Ⅰ、Ⅱ、Ⅲは「理論」の領域として選択問題が出題されます。Ⅳ、Ⅴは「実技」の領域として選択問題と記述問題があります。

● 合格基準

　「理論」「実技」、両方の分野で60％以上正解すると合格となります。合格するためには、分野によって偏ることなくバランスよく正解することが大切です。

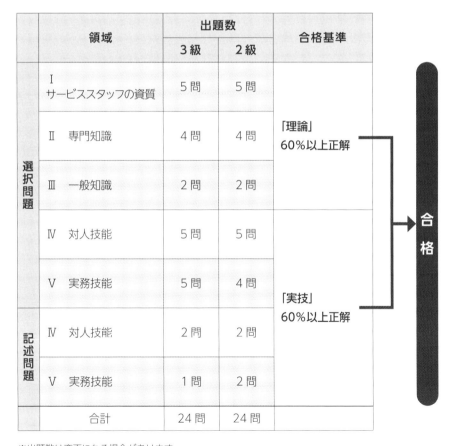

	領域	出題数		合格基準
		3級	2級	
選択問題	Ⅰ サービススタッフの資質	5問	5問	「理論」60％以上正解
	Ⅱ 専門知識	4問	4問	
	Ⅲ 一般知識	2問	2問	
	Ⅳ 対人技能	5問	5問	「実技」60％以上正解
	Ⅴ 実務技能	5問	4問	
記述問題	Ⅳ 対人技能	2問	2問	
	Ⅴ 実務技能	1問	2問	
	合計	24問	24問	

※出題数は変更になる場合があります。

学習のポイント

● 各領域の要点を押さえる

　本書は2級、3級試験のⅠ～Ⅴの5つの領域に準1級面接の内容を押さえた、6章立ての構成からなっています。取り組むにあたって、その章で何を学ぶのか、そこからどんな問題が出題されるのかを理解してから学習を進めましょう。各章のポイントは、それぞれの章扉にも記しています。

第1章　サービススタッフの資質

　お客さまにサービスを提供する「サービススタッフ」としての基本的な心構え、行動、身だしなみなどについて学びます。キーワードを覚えるのではなく、なぜそのような行動、身だしなみがよいのか、考え方の背景や本質を理解することが重要です。

第2章　専門知識

　サービス業とは何か、どんな働きがあるのか、サービスにはどんな種類があるのかといった、「サービス業」や「サービス」についての専門知識を確認します。またサービス業に携わるにあたって最低限知っておきたい商業用語や経済用語も覚えましょう。

第3章　一般知識

　サービススタッフである前に、社会人として、一般常識や基本的なマナーを身につけておくことが大切です。ここでは一般常識の中でも覚えておきたいことわざや慣用句などを確認します。本書に掲載されている用語やその意味をしっかり覚えましょう。

第4章　対人技能

　第4章では、人との接し方や人間関係、コミュニケーション技能について学びます。第1章～第3章が「理論」の領域であるのに対し、第4章、第5章は「実技」の領域です。さまざまな事例に対し、適切な行動がとれ

るか、応対ができるかがポイントとなります。特に接遇用語についてはきちんと覚えておきましょう。

第5章　実務技能

　第5章では、問題処理、環境整備、金銭の受け渡し、商品の運搬・管理といった具体的な技能について学びます。第4章と同様に、さまざまな事例への対応力が求められます。また、慶事や弔事の祝儀・不祝儀袋の上書きなど、社交儀礼の業務についても学びます。

●第6章では準1級面接試験のポイントについて学びます。

● 選択問題の取り組み方

　選択問題は、基本的に5肢の中から、「適当」または「不適当」なものを一つ選ぶ形式です。まず、問題文中の「適当」「不適当」を読み間違えないように注意しましょう。

　選択肢にはさまざまな事例が盛り込まれ、本書で取り上げていない事例が含まれることもありますが、「お客さまの立場に立ってサービスを提供する」というサービス業の本質を理解していれば、解答できるでしょう。

　1～5章最後の「Challenge! 復習問題」、および巻末の「模擬試験」に実際の検定試験と同様の形式の選択問題を掲載しています。何度もチャレンジして問題に慣れ、解説をよく読んで、なぜその解答が正しいのか、また間違いなのかを理解しておきましょう。

● 記述問題の取り組み方

　記述問題については、p.188～191に対策と例題を掲載しましたので、参考にしてください。限られた試験時間中に、読みやすい文字の大きさで、丁寧に、誤字・脱字がなく記入できるよう、p.252、p.254の答案用紙を使って練習しておきましょう。

> 解説をよく読み、
> なぜその解答が正しいのか、
> なぜ間違いなのかを
> 理解することが大切です！

受験の際の心構え

● 時間配分を考えておく

　3級の試験時間は90分、2級の試験時間は100分です。あらかじめ、本書の模擬試験にチャレンジし、時間配分を考えておきましょう。

　例えば、選択問題に50分、記述問題に30～40分、残りの時間を見直しにあてるとすると、選択問題は1問につき2～3分、記述問題は1問につき10分程度が目安となります。

●持ち物を確認

　検定試験では、解答をマークシート形式の答案用紙に記入します。当日慌てることのないよう、HBの黒鉛筆かシャープペンシル、消しゴムをあらかじめ用意しておきましょう。

●問題用紙が配布されたら

　問題用紙が配布されたら、まず全問題に目を通すようにします。自分が得意な問題から解いていくことも合格への近道です。

　特に選択問題については、答案用紙にマークするだけでなく、問題用紙にも○、×のメモを書き入れておくと答え合わせをしやすいでしょう。最後に、マークした箇所がずれていないか、必ず確認するようにしましょう。

当日は余裕をもって会場へ！
落ち着いて
試験に臨みましょう！

第 1 章

サービススタッフ
の資質

お客さまにサービスを提供する
サービススタッフとして、
考え方や行動、話し方、身だしなみなど、
どんなことに気をつけるべきだと思いますか?
また、それらを実践することで、
お店やお客さまにどんな印象を与えると思いますか?
この章では、サービス業に従事する者として必要な
「資質」について考えてみましょう。
キーワードを暗記するのではなく、
内容をよく理解することが大切です。

この章のポイント

- ☑ サービススタッフとしての心構え
- ☑ 基本の行動、感じのよい所作
- ☑ 適切な言葉遣い
- ☑ 基本の身だしなみ

サービススタッフの心構え①

Point
- 心構えは自然と見た目や行動、話し方に表れるので、サービススタッフとしての心構えが大事。
- ポイントはお客さまを第一に考えること。

[どこがダメ？] ファミリーレストランで、ホールスタッフが注文をとろうとしている

> ご注文をくりかえします。
> ハァ……。ハンバーグが一つ……、
> サラダセットが一つ……。

Check! a

Check! c

Check! b

Check! どこがNGか説明してみよう

☑ **a 表情**：表情が暗く、面倒くさそう。

☑ **b 足・姿勢**：足が休めの状態。姿勢が悪く、だらしない印象。

☑ **c 話し方**：ため息まじりで、やる気が感じられない。

サービススタッフとして心がけたいこと①

▲明るい雰囲気

　スタッフの雰囲気が**明るい**と、お店の雰囲気も**明るく**なります。暗いよりも明るい雰囲気のほうが、お客さまは**気持ちよく買い物ができ**、「**また来たい**」と思ってもらえます。明るい気持ちをもてば、自然と笑顔になり、言動もハキハキと元気よく感じられるものです。

▲お客さまに一歩寄り添った気遣い

　お客さまの要望にただ応えるのではなく、それ以上に細やかな、**気の利いた心遣いをプラスする**ことも必要です。これは、一人ひとりのお客さまをよく見て、「どうしたらお客さまの役に立てるか」ということを常に意識していないと、なかなかできることではありません。最初は難しく感じるかもしれませんが、**相手を意識した良識のある行動を心がける**ことで、自然と身についていくでしょう（→気の利いたさまざまな応対については**第2章 p.52～67**で詳しく学びます）。

▲応対マニュアルを守る

　サービススタッフがお客さまの応対をするときに基本となるものに「応対マニュアル」があります。応対マニュアルは、ベテランでも新人でも、誰でも同じような応対ができ、**サービスに差が出ないように**できています。マニュアルを守ることは、サービスの質を保つために**スタッフに与えられた役割**です。

　ただし、マニュアルに頼りきるのもよくありません。お客さまに合わせ、柔軟に対応できることがサービススタッフには求められています。

自分がお客の立場に
なったとき、どんなふうに
応対してもらうと
嬉しいのかを考えてみると
いいかも！

サービススタッフの心構え❷

Point

・自分ではきちんと応対したつもりが、相手には偉そうに見え、不快感を与えることがある。

・謙虚な気持ち、忍耐力、素直さも必要。

【どこがダメ？】ブティックで、服を見ようとしているお客さまにスタッフが商品の説明をしている

> 最高級の素材ですから、嫌がる人は誰もいませんよ。

Check! **a**

Check! **b**

Check! **c**

Check! どこがNGか説明してみよう

- ☑ **a 表情**：自慢顔で、見下しているように見える。
- ☑ **b 腕・手**：手を後ろに回し、偉そうな雰囲気。
- ☑ **c 話し方**：一方的で、押し付けがましい。

サービススタッフとして心がけたいこと②

▲ 謙虚な気持ちをもつ

　例えば、あなたが自社の商品についての知識を深め、「本当によい商品だ」と思っていたら、お客さまに自信をもっておすすめすることができるでしょう。積極的にサービスをする気持ちはとても大切です。

　でも、自信があるあまり、**上から目線**にならないように気をつけましょう。**謙虚な気持ち**をもたないと、相手に**偉そうな印象**を与えてしまうこともあります。**お客さまの気持ちに寄り添うこと**を忘れないようにしましょう。

▲ 忍耐力と素直さをもつ

　お客さまを不快にさせないためには、自分の感情のままに行動するのではなく、**気持ちを上手にコントロール**していくことも必要です。お客さまにお叱りを受けたり嫌なことを言われたりしても、顔や態度に出さずに応対する**忍耐力やおおらかさ**も必要です。お客さまあってのサービススタッフ。お客さまを責めたり否定したりする言動は避け、お客さまに言われたことを**素直**に受けとめるようにしましょう。

▲ 誠実な応対をする

　「誠実な応対」とは、丁寧に適確な受け答えをすることです。ただし、お客さまに期待以上の満足をしてもらうためには、ときには**愛想**も必要です。TPO に合わせた臨機応変な応対が和やかな雰囲気をつくり出し、お客さまにサービスの質のよさを実感していただくことにつながります。

> 尋ねられたことに
> 答えるというのは当たり前の
> ことで、もう一歩踏み込んだ
> 気配りをプラスしないと
> いけないんだね。

サービススタッフの心構え ③

Point
- 自分に与えられた**役割**を知る。
- 周囲との良好な関係を保ち、**協調性**をもつ。
- **マニュアル**を守ることの意味を知る。

【どこがダメ？】 雑貨店で、閉店間際にお客さまが来店した

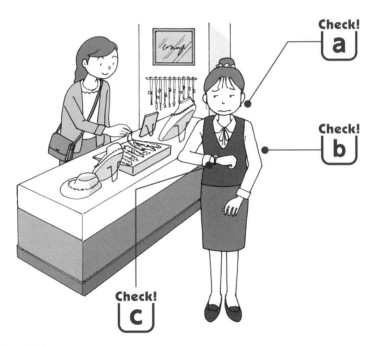

Check! **a**

Check! **b**

Check! **c**

Check! どこがNGか説明してみよう

☑ **a 表情**：いかにも迷惑そうな表情。

☑ **b 体勢**：お客さまに背を向けている。

☑ **c 態度**：時間を気にして、腕時計を見ている。

20

サービススタッフとして心がけたいこと③

▲与えられた役割を理解する

　左のイラストの状況のように閉店間際にお客さまが来店したら、「もう閉店なのに嫌だな」と思うかもしれません。でも、サービススタッフの役割は、**お客さまに満足してもらえるサービスを提供する**こと。自分の気分次第でお客さまの応対をおろそかにするのは、与えられた仕事をやり遂げていないということになります。この場合では、嫌な顔をせず、閉店までの短い時間でもお客さまにゆっくり見てもらえるように配慮することが適切な応対です。もし、このあと私用などがあり自分で応対できないときは、同僚に代わってもらうといった柔軟な対応も必要です（→サービススタッフの役割やさまざまな応対の仕方については**第2章 p.44〜67**で詳しく学びます）。

▲協調性をもつ

　仕事はチームで行うものですから、**周囲と協力する**必要もあります。しっかり連携をとり、スムーズに仕事を進めていくためには、一人ひとりが職場の**上下関係を大切**にして、協調性をもつことが大切です。お客さまに尋ねられたことなどにどう対応してよいかわからないときは、あいまいに答えたり適当に行動したりせずに、周囲の人に確認するようにしましょう。

　関係がよくなれば、職場の雰囲気もよくなり、仕事に対して前向きな気持ちになるでしょう。それによってサービスの質が向上するという相乗効果が生まれます。

困ったときはひとりで
勝手に判断せず、
上司や同僚に報告・
相談しないといけないね。

サービススタッフの心構え

○か×で答えながら、具体的な事例別の対応を学びましょう。
覚えたら☑にチェックを入れましょう。

問題	解答・解説
Q1 スーパーマーケット店員 閉店時間間際にお客さまが来店したときは、さりげなく忙しそうにして閉店時間であることを知らせ、早く帰ってもらうようにする。	**A ×** お客さまの満足が第一。短い時間でもサービスを提供するべき。
Q2 販売店スタッフ お客さまに対して明るく愛想をよくすると、好感がもたれ、気軽に質問してもらえるようになる。	**A ○** スタッフが愛想よく応対をすることで、お客さまやお店によい影響がもたらされる。
Q3 ホテルお客さま案内係 せっかちなお客さまの応対をするときは、落ち着いてもらうために、ゆっくり行動して、ペースをこちらに合わせてもらうようにする。	**A ×** お客さまのペースに合わせ、てきぱきと行動するのが適切。
Q4 病院受付スタッフ 患者さんやそのご家族は気持ちが沈んでいる場合が多いので、明るい話し方や笑顔は慎んだほうがよい。	**A ×** ねぎらい元気づけるように、やわらかい表情で接するのが相手の気持ちに寄り添った接し方である。
Q5 レストランスタッフ 自分では答えられないことを尋ねられたら、分かる担当者に確認して答えるようにしている。	**A ○** 「わからない」と言ったり、適当に答えたりせずに、分かる人に確認して答えることが大事。
Q6 販売店スタッフ 時には嫌味を言うお客さまもいるが、お客さまあっての自分たちなので、言われてもとりあえずは我慢する。	**A ○** サービススタッフは謙虚な気持ちで、ときには忍耐強く対応することも必要。
Q7 野球スタジアム観客席の誘導整理係 お客さまが気安く声をかけられるように、ときどき通路の階段に座るようにしている。	**A ×** お客さまに気を配るためには、こまめに巡回することが必要。
Q8 レストランスタッフ 注文を受けるとき、どんな料理なのかわからなさそうにしているお客さまには、聞かれなくても料理の説明をするようにしている。	**A ○** お客さまに一歩寄り添った対応といえる。

問題	解答・解説
Q9　美容室スタッフ 髪をカットしているときにお客さまが話しかけてきたので、話しやすいよう、手を止め、鏡ごしにお客さまを見て話をした。	**A　×** お客さまは髪を切りにきているので手を止めるのは不適当。相づちを打ちながら聞くのがよい。
Q10　携帯ショップスタッフ 新機種について尋ねられたら、パンフレットを渡し、分からないことは聞いてほしいと丁寧に伝える。	**A　×** パンフレットを渡すだけでは丁寧とはいえない。一歩踏み込み、説明するべき。
Q11　スーパーマーケット店員 閉店間際にお客さまが来店したら、閉店時間なので照明が暗くなることをご了承いただき、ゆっくり買い物をしてほしいと伝える。	**A　○** せっかく来店してくれたお客さまの立場に立った対応を考える。
Q12　雑貨店スタッフ 親近感をもってもらうために、アドバイスとしてお世辞を言いさえすればよい。	**A　×** アドバイスとしてのお世辞は場合にもよるが、親近感をもってもらうために言うことではない。
Q13　リゾートホテルスタッフ お客さまはくつろぎを求めてきているので、尋ねられたこと以外の会話はすべて控えるようにする。	**A　×** その雰囲気に合った会話をし、よりくつろいでもらえるようにするのがスタッフの役割。
Q14　銀行お客さま案内係 ATMの操作に困っているお客さまがいたので、しばらく様子を見てから声をかけた。	**A　×** すぐに近づき手助けをするべき。お客さまに安心してご利用いただくのが案内係の役割。
Q15　証券会社営業スタッフ 留守番電話に伝言を残すときは、次にかける日時と、もしかけてもらえるならばと、自分の電話番号を言っておく。	**A　○** お客様が連絡を取りやすくするための細かい気配りといえる。
Q16　飲食店接客係 お客さまが喫煙席を希望されたが満席でご案内できないときは、丁重にお詫びをして断る。	**A　○** まずは禁煙席でもよいかを尋ねる。その上で、お客様に判断をしてもらう。

サービススタッフの所作❶

Point
- 心構えは所作にも表れる。
- 基本は、気持ちのよいあいさつと笑顔。
- お客さまへの積極的な声かけも大切。

どこがダメ？ コンビニエンスストアに来店したお客さまに、
レジカウンターからあいさつした

Check!
a ……っらっしゃいませ〜。

Check!
b

Check!
c

Check! どこがNGか説明してみよう

☑ **a あいさつ**：きちんとしたあいさつになっていない。

☑ **b 表情**：無表情で、笑顔がない。

☑ **c 態度**：スマートフォンに夢中で、お客さまを見ていない。

サービススタッフの基本の所作

🔺気持ちのよいあいさつ

　ポイントは、きちんと**お客さまの目を見て、ハキハキと明るい声**で行うことです。顔だけでなく、体もお客さまのほうに向けるようにします。

　作業をしているときや座っているときにお客さまが来られたら、**いったん作業の手を止め、立ち上がって「いらっしゃいませ」**とあいさつをします。常連のお客さまには、「いつもご利用いただきありがとうございます」など**一言添える**と、お客さまのお店に対する親しみがぐっと増すでしょう。

🔺自然な笑顔

　表情は、常に**笑顔**を保ちましょう。口角をあげ、明るい笑顔でお客さまを歓迎する気持ちを表します。何よりも、心がともなわないと、**自然な笑顔**にはなりません。

　ただし、トラブルなどでお詫びをするときには、笑顔ではなく、**申し訳ない気持ち**を表情で表します。また、病院などで具合の悪そうな患者さんに声をかけるときには、**心配そうな**面持ちで話しかけます。

　このように、その時々の気遣い、心持ちが自然と表情に表れてこそプロのサービススタッフです。

🔺積極的な声かけ

　キョロキョロしているお客さまがいれば「何かお困りですか？」「お探しのものがおありでしょうか？」と**自分から声をかけ**ましょう。ただし、お客さまの中には、ゆっくり買い物をしたいなど、声をかけてほしくないという人もいます。お客さまの様子を見ながら、**お客さまに合わせた声かけ**をするようにしましょう。

> いいかげんな
> あいさつだと、
> かえって印象を悪く
> してしまうね。

25

サービススタッフの所作②

Point
・サービススタッフに求められる話し方は、
丁寧で落ち着きがあり、**相手に伝わること。**
・**お客さまに合わせた言葉遣いをする。**

┌─────────┐
│ どこがダメ？ │ **家電量販店で、お年寄りに商品のご案内をしている**
└─────────┘

こちらの PC にはビデオチャットのアプリケーションが初期インストールされているんで遠くのお孫さんともコミュニケーションが簡単にとれちゃいますよ！

Check! a

Check! b

Check! どこがNGか説明してみよう

☑ **a 心構え**：一方的で、お客さまに伝わっているか確認していない。

☑ **説明**：専門用語を多用していて分かりづらい。

☑ **b 言葉遣い**：「とれちゃいますよ」など丁寧さに欠ける。

サービススタッフの言葉遣い

▲ ゆっくりと丁寧に話す

　お客さまと話をするときには、**張りのある声でハキハキ**と話します。商品の説明をするときには、早口にならないように気をつけ、**ゆっくりと落ち着いた口調**で、**丁寧**に話すようにすると、相手に伝わりやすくなります。場面に応じた話し方を意識することも大切です。

▲ 専門用語や業界用語を多用しない

　左のイラストでは、スタッフは一生懸命説明していますが、お客さまは理解できずに困っているようです。相手に伝わらなくては、いくら説明しても意味がありません。正しく伝えるためには、一般的には使われない**専門用語や業界用語**を多用せず、**分かりやすい言葉**を使うようにしましょう。

　話し方によっては、お客さまが気分を害してしまうこともあります。お客さまに失礼のないよう、敬語の使い方も身に付けましょう（→接遇者として身につけたい言葉遣いや敬語については、**第4章 p.118 ～ 129** で詳しく学びます）。

・・・ **実例** ・・・・・・・・・・・・・・・・・・・・・・・・・・・・・・・・・・・・・・

✳ 左の状況で商品を説明するときは……

　こちらのパソコンには、テレビ電話のように映像を映しながら通話できる機能が最初から装備されておりまして、遠くのお孫さんのお顔を見ながら会話をすることも簡単にできますよ。

・・・

> お客さまにきちんと
> 伝わることが大切！
> 分かりやすい言葉で
> 話すようにしなくちゃね！

サービススタッフの所作❸

Point
- スタッフの所作は常にお客さまから**見られている**。
- **テキパキと機敏に行動する**ことが基本。
- モノなどを指すときは**指を揃え手全体**で指す。

[どこがダメ？] ホテルのフロアスタッフが、お客さまに
チェックインカウンターの場所を聞かれた

あの……、
チェックインカウンターは
どこですか？

Check! b

Check! c

あっちです。

Check! a

Check! どこがNGか説明してみよう

- ☑ **a 言葉遣い**：素っ気なく、丁寧さがない。
- ☑ **b 表情**：笑顔がなく、お客さまをお迎えする表情ではない。
- ☑ **c 手**：フロントの方向を指で指し示している。

感じのよい所作

▲テキパキと機敏に動く

　スタッフは、常にお客さまから見られています。だらだらと動いていると
やる気がない印象を与え、その場の雰囲気も悪くしてしまいます。たとえ
近くにお客さまがいなくても、常に**テキパキと機敏に動く**習慣を身に付けま
しょう。

　その所作がお客さまにどのような印象を与えるかを、**客観的に見られるよ
うになる**ことも大事です。スタッフのちょっとした所作が他のスタッフやお
店の印象に影響することを頭に入れておきましょう。

実例

✳ 店内にお客さまが誰もいないとき……
いつお客さまが来ても応対できるよう、姿勢を正し、お客さまをお迎えする
態勢でいる。

▲モノや場所を指すときは手全体で

　モノや場所を指すときには、**指でなく手全体で
示す**のが基本です。指をきちんと揃え、指したい
方向を指し示します。場所を案内する場合は、可
能であればお客さまに同行して、その場所までご
案内するのがより丁寧な応対です。

実例

✳ ホームセンターで、作業中にお客さまから収納棚の場所を聞かれたら
作業の手を止め、お客さまのほうを向き、手全体で収納棚の方向を指し示
すとともに、「ご案内いたします」と言って、その場所までご案内する。

サービススタッフの所作

○か×で答えながら、具体的な事例別の対応を学びましょう。
覚えたら☑にチェックを入れましょう。

問題	解答・解説
Q1 婦人服売り場スタッフ 商品の包装中にお客さまから声をかけられたら、作業の手を止めずに「ただいま参ります」と言う。	**A ×** いったん作業の手を止めて「ただいま参ります」と言う。
Q2 販売店スタッフ 「今日は見るだけ」と言って来店した常連客には、ご自由にどうぞと言って放っておく。	**A ×** 自由に見てもらうのはよいが、放っておくのは不適切。適度に様子をうかがうべき。
Q3 介護施設スタッフ ひとりでぽつんとしている人には、天気の話をするなど声をかけて、会話をするようにしている。	**A ○** 入居者全員を気にかけ、その人に合わせた声かけをするようにする。
Q4 販売店スタッフ お客さまが急いでお買い物をされているときは、邪魔をしないよう、愛想のある応対は慎むようにする。	**A ×** 相手が忙しくても、こちらはいつもどおり愛想のある応対が必要。
Q5 コンサートの客席誘導整理係 指定席のチケットを手にして席を探しているお客さまには、番号を尋ねて案内するようにしている。	**A ○** お客さまが尋ねなくても、積極的に声をかけるようにする。
Q6 衣料品売り場スタッフ 売り場内において、同僚と話すときと、お客さまの応対をしているときとでは、話し方を変えている。	**A ×** 売り場では、お客さまに聞かれてもよい丁寧な話し方にする。
Q7 販売店スタッフ お客さまはスタッフの愛きょうで店の評価を決めるので、お客さまの応対では笑顔を絶やさないのが基本。	**A ○** 愛きょうはサービススタッフの大切な資質。感じのよい応対が店の評価にもつながる。
Q8 レストランスタッフ お客さまを席に案内するときは、お客さまの足元に気を配り、「こちらでございます」と笑顔で言う。	**A ○** お客さまはスタッフを常に見ていると考え、笑顔を絶やさず、所作にも気を配る。

問題	解答・解説
Q9 携帯ショップスタッフ お客さまに対してやわらかい表情を心がけ、時には世間話などもする。	**A ○** 親近感をもっていただき、お客さまからも話しかけてもらえるようにする。
Q10 雑貨店スタッフ お客さまには、常に笑顔で接することが大切なので、お詫びのときも笑顔で行う。	**A ×** お詫びのときは申し訳ない表情でお詫びをする。
Q11 病院受付スタッフ 病院で明るい笑顔は不謹慎なので、元気そうに見える患者さんにも暗めの表情で接している。	**A ×** 医療の現場であっても、ある程度明るい雰囲気づくりは重要。
Q12 飲食店スタッフ 飲食が終わった頃にメニューを見たいと言われたときは、メニューを届けるとき「何かご注文はございますか」と確認をしている。	**A ×** すぐに注文があるとは限らないので、「どうぞご覧くださいませ」と言えばよい。
Q13 婦人服店スタッフ 商品の説明をするときは、できるだけ専門用語を使わない。	**A ○** お客さまの立場になって、分かりやすく丁寧な言葉で説明するのがよい。
Q14 衣料品売り場スタッフ 売り場にお客さまがいなくても、離れたところから見られていることがあるので、いつでも気を張っている。	**A ○** つねにお客さまをお迎えする心構えと準備が大切。
Q15 飲食店スタッフ 待ち合わせのお客さまが遅れていて手持ちぶさたのお客さまには、「お飲み物でもお持ちいたしましょうか」と声をかける。	**A ○** 手持ちぶさたなお客さまを放っておかずに気を配る。
Q16 レストランスタッフ 飲食が終わって最後のお茶を運んだときでも、お客さまの前にお茶を置くときは「ごゆっくりどうぞ」と言っている。	**A ○** 気遣いが伝わる声かけを積極的にするとよい。

31

サービススタッフの身だしなみ

Point
- ・ポイントは**清潔感、調和、機能的**の３つ。
- ・身なりだけでなく**言葉遣い、態度、振る舞い**も身だしなみといえる。

> [どこがダメ?] スーパーマーケットの試食コーナーで
> スタッフがお客さまに試食を勧めている

Check!
b

Check!
c

ご試食はいかがですかぁ～？

Check!
a

Check! どこがNGか説明してみよう

☑ **a 話し方**：語尾を伸ばして、声にハリがない。

☑ **b 髪**：ボサボサで長く、帽子からはみだしている。

☑ **c 服**：汚れがついていて、清潔感がない。

身だしなみの3つのポイント

🔺清潔感があること

　実際に清潔であることはもちろん、見た目の清潔感も重要です。サービススタッフの第一印象は、見た目で決まります。服がシワだらけだったり、髪の毛がボサボサだったりすると、お客さまに不潔な印象を与えてしまいます。頭の先からつま先まで、お客さまに不快感を与えないか、チェックが必要です（→チェックリストは p.34 ～ 35）。

🔺調和していること

　見た目がその仕事や職場に調和しているかどうかということが大切です。制服があるなら、きちんと正しく着用します。

　職場は、個人のおしゃれをアピールする場所ではありません。優先するのは個人の好みではなく、その場にふさわしいかどうかということです。過度なアクセサリーなどは付けないようにしましょう。

🔺機能的であること

　仕事をするうえで、その仕事にあった格好を心がけましょう。例えば、動くことが多い職場であれば、長い髪やヒールの高い靴などは仕事の妨げになりますから、髪の毛はまとめ、動きやすい靴をはくようにします。また、理髪店やトリマー用の毛の付着しにくい作業着など、専用の作業着は機能的にできていて、その仕事をする上で理にかなっているといえます。

次のページで、
身だしなみの基本を
チェックしよう！

身だしなみのチェックポイント

頭からつま先まで、自分の身だしなみをチェックしてみましょう。「きちんとした印象を与える見た目」が大前提。仕事や職場の決まりや雰囲気に合わせて身だしなみを整えます。

髪	清潔な印象を与えるため、
	☐ 長い髪は**まとめる**
	☑ **フケ**などがついていない
化粧	自然な印象を与えるよう、
	☑ **ナチュラルメイク**が基本
	☐ 口紅は色が**濃すぎない**ものを選ぶ
爪	☐ **短く切って**おく
	☐ マニキュアは付けても**薄い色**
服	☐ ほつれや**汚れ**がない
	☐ **シワ**が目立っていない
	☐ おしゃれより**調和・機能性**を重視
	☐ スカートは**短すぎたり長すぎたり**しない
	☐ **制服**がある場合は、正しく着用する
靴	☐ ヒールが**高すぎ**ない
	☐ かかと部分が**すり減って**いない
	☐ きちんと**磨いて**おく
アクセサリー	☑ **派手なもの**は控える
におい	☑ **体臭**や**口臭**に気をつける
その他	☑ **ヒゲ**をきちんと剃っている
	☐ ストッキングが**伝線**していない

注意！

医療・飲食関係は、身だしなみの基準がより厳しい！
☑ 香水は付けない（食べ物に影響するため軽い香りも×）
☑ 着衣が汚れた場合はすぐに着替える（清潔感を保つ）

異物混入を防ぐため、
☑ キャップをかぶる場合は髪の毛をすべてキャップに入れる
☑ マニキュアや付け爪はしない
☑ ピアスや指輪は外す

基本の身だしなみ

さっぱりと整髪する

さっぱりと整髪する。長い髪はまとめる

ヒゲはきちんと剃る

ナチュラルメイクが基本

ほつれ、汚れ、シワがない

スカートは短すぎず、長すぎない長さ

靴はきれいに磨く。かかとがすり減っていない

プレスされシワのないスーツが基本。服装も化粧も、清潔感があり爽やかな見た目を意識する。アクセサリーは、華美すぎずよい印象を与えるものであれば付けて OK

キャップをかぶり、髪をすべて入れる

汚れがなく清潔な着衣

マスクをする

飲食業の場合

身だしなみをきちんとすると、食品の衛生も保たれているように感じられる。キャップの中に髪をすべて入れ、マスクをする

サービススタッフの身だしなみ

○か×で答えながら、具体的な事例別の対応を学びましょう。
覚えたら☑にチェックを入れましょう。

問題	解答・解説
Q1 レストランスタッフ お客さまはご案内や注文をとるときの所作も見ているので、明るく振る舞い、もたもたしないようにしている。	**A ○** 服装だけでなく、行動や振る舞いも「身だしなみ」のうち。
Q2 食品売り場スタッフ お客さまに爽やかな印象をもってもらうために、軽い香りの香水を付けている。	**A ×** 食べ物に影響を与えるため、食品関係のスタッフは香水を付けない。
Q3 ホテルのフロントスタッフ マニキュアを付ける場合は指先が美しく健康的に見えるよう、薄いピンク色の透明感のあるマニキュアを付けている。	**A ○** 透明や薄い色のマニキュアは、相手に好印象を与える"ナチュラルメイク"といえる。
Q4 ジュエリーショップスタッフ 流行のデザインが取り入れられたスーツを着用している。	**A ○** ファッション性が問われる職業では、流行を取り入れるのもよい。
Q5 デパートの菓子売り場スタッフ 基本的には売り場ではマスクをしないことになっているが、今日は顔色がさえないので、隠すためにマスクをしてお客さまの応対をした。	**A ×** 売り場のスタッフに求められるのは笑顔。マスクをすると表情が見えなくなってしまう。
Q6 家電販売店スタッフ 身だしなみだけでなく、お客さまによい印象を与えるために、言葉遣いに気をつけ、ハキハキと話すようにしている。	**A ○** 言葉遣いと話し方がきちんとしていると、お客さまによい印象を与える。
Q7 スーパーマーケットの試食販売員 エプロンが汚れていても、ついたばかりの食品の汚れなので、そのまま着用している。	**A ×** エプロンが汚れていると、食品の衛生も保たれていないような印象を与えてしまう。
Q8 企業受付スタッフ 派手なアクセサリーは控えているが、地味になりすぎないよう、控え目のネックレスをしている。	**A ○** 派手すぎず、控え目なものであれば、アクセサリーを付けても問題ない。

問題	解答・解説
Q9 携帯ショップスタッフ 制服があるので、特に身だしなみには気をつけていない。	**A ✕** 制服はただ着るだけでなく、正しく着用することできちんとした印象が得られる。
Q10 美容室スタッフ お客さまを待っている間も、他のお客さまから見られているので、気を抜かずに笑顔を絶やさずにいる。	**A 〇** 身だしなみだけでなく、態度や振る舞いにも気をつける。
Q11 医院受付スタッフ 患者さんにリラックスしてもらうために、オーデコロンを使用している。	**A ✕** 医療現場では、どんなに軽いものでも、香りのするものは付けない。
Q12 カフェスタッフ 健康的で明るい印象を心がけ、メイクをする場合は、ナチュラルメイクにしている。	**A 〇** ナチュラルメイクが基本。特に飲食関係は、濃いメイクは控えたほうがよい。
Q13 食品売り場スタッフ 髪の毛が短いので、キャップは着用していない。	**A ✕** 髪の毛が短くてもキャップをかぶり、髪をキャップの中に入れるのが基本。
Q14 食品売り場スタッフ 食品を扱うときは手袋をするので問題ないと思い、ハンドクリームをつけている。	**A ✕** においがうつることがあるので基本的にハンドクリームはつけない。
Q15 銀行お客さま案内係 制服があるが、地味なのでアクセサリーや小物でアレンジして華やかさを出している。	**A ✕** 制服は企業イメージの統一感にもつながる。一人だけアレンジするのはNG。
Q16 スーパーマーケットの試食販売員 お客さまの前で調理するときには、マスクをするので、暗い印象にならないようアイメイクを濃くしている。	**A ✕** 清潔な印象を与えるために、どんな場面でもメイクは濃くないほうがよい。

サービススタッフの資質

実際の検定試験と同じ形式の「選択問題」にチャレンジしてみましょう。

3級 問題

1. レストラン勤務の三森綾子はスタッフの心得として、先輩から次のことを教えられた。中から**不適当**と思われるものを一つ選びなさい。

(1) お客さまから料理のことを尋ねられ、分からないときは、「新人ですので申し訳ございません」と言う。

(2) 来店したお客さまにお辞儀をして「いらっしゃいませ」と言うときは笑顔で言う。

(3) お客さまを席に案内し、「こちらでございます」と言うときは、お客さまの足元に気を配り、笑顔で言う。

(4) お客さまに料理を運んで「お待たせいたしました」と言うときは、少し頭を下げる。

(5) お客さまが帰るときは、「ありがとうございました」と言って出口まで送り、「またのご来店をお待ちいたしております」と言う。

2. 販売店の新入社員の君島京子は、マネージャーから「お客さま応対は、マニュアルに沿ってするように」と言われた。そのとき、なぜマニュアルに沿わなければいけないのか説明されたことである。中から**不適当**と思われるものを一つ選びなさい。

(1) 丁寧すぎず、また雑にならないように、どのお客さまにも当てはまるようになっているから。

(2) お客さま応対のしかたに、新人と先輩の違いが出るようなことがないようになっているから。

(3) マニュアルどおりにやってお客さまから苦情が出ても、マニュアルどおりにやったと言えるから。

(4) スタッフによって、お客さま応対に違いが出るようなことがないようになっているから。

(5) ミスがあったとき、どのように謝ればよいかの謝り方まで分かるようになっているから。

3. ブティックのスタッフ江川容子が、お客さま応対について先輩から指導されたことである。中から<u>不適当</u>と思われるものを一つ選びなさい。

（1）買う気のなさそうなお客さまであっても、質問を受けたら、次にはお客さまになってもらえるように丁寧に答えること。

（2）ブティックのお客さまは服装に対するセンスがよいので、お客さまに応じられるセンスを養う努力をすること。

（3）お客さまの応対中は、そのお客さまに失礼になるので、得意客が来店してもすぐにはあいさつをしない気遣いをすること。

（4）自分に分からないことを質問されたときは、あいまいな答えはせず、「分かる者を呼んでまいります」と言って待ってもらうこと。

（5）スタッフの明るい表情、機敏な行動が店の雰囲気を作るので、いつもそれを意識して行動すること。

4. ホテルのスタッフ古田健一が、お客さまによい印象を持ってもらうために行っていることである。中から<u>不適当</u>と思われるものを一つ選びなさい。

（1）お客さまを迎えるときは、気持ちを込めて明るく「いらっしゃいませ」と言うようにしている。

（2）案内をするときは、言葉だけでなく手で方向を示すなどして、分かりやすく説明するようにしている。

（3）いつも見えるお客さまが見えたときは、特別扱いしていることが分かるように走り寄って迎えている。

（4）お客さまとすれ違うときは、急いでいるときでも丁寧に軽くお辞儀をするようにしている。

（5）お客さまの荷物を運ぶときは、重くても、てきぱきと行動するように気をつけている。

解答・解説

1. （1）「新人です」と言う必要はない。「確認してまいります」と伝え、すぐに分かる人に確認をしてお客さまに伝える。

2. （3）マニュアルは、どのお客さまにも同じサービスができるようにあるもの。マニュアルどおりにやったと責任をなすりつけるためのものではない。

3. （3）お客さまの応対中に他のお客さまにあいさつしても、応対中のお客さまに失礼になるということはない。

4. （3）サービススタッフは、どのお客さまにも差別なく平等に、対応することが原則である。

サービススタッフの資質

実際の検定試験と同じ形式の「選択問題」にチャレンジしてみましょう。

2級 問題

1. 次は婦人服店のスタッフ中山沙織がお客さま対応として考えたことである。中から<u>不適当</u>と思われるものを一つ選びなさい。

(1) お取り寄せの洋服を約束の日までに取り寄せができないときは、お客さまが楽しみにしているはずなので、早めに連絡する。

(2) 商品の説明をするときは、できるだけ専門用語を使わない。

(3) お客さまが希望する商品が自分の店にないときは、ライバル店で扱っていることを教えることがお客さまの立場になって考えることであり、そのときはお客さまが購入しなくても、役に立つと考える。

(4) お客さまが迷っているときには、無難な服で今日は我慢したらどうかとアドバイスする。

(5) 試着をしていないお客さまには、サイズが合わない場合は交換することを伝えると購入しやすくなる。

2. 旅行会社に勤務する服部健一が、お客さま対応をするスタッフの心構えとして同僚と話し合ったことである。中から<u>不適当</u>と思われるものを一つ選びなさい。

(1) お客さまをお迎えするときは、手をとめて、「いらっしゃいませ」と言う。

(2) 親近感を持ってもらえるよう、天気の話などもする。

(3) お帰りの際は、立ってあいさつする。

(4) 新商品のツアーについて尋ねられたら、パンフレットを渡し、分からないことは聞いてほしいと伝える。

(5) お客さまと話すときは、柔らかい表情を心がける。

3. 次は雑貨店のスタッフ上野郁子がお客さま応対で考えたことである。中から<u>不適当</u>と思われるものを一つ選びなさい。

(1) 親近感をもってもらうために、アドバイスとしてお世辞を言う。

(2) お客さまに常に笑顔で接すると、気軽に相談してもらえる。

(3) お客さまをほめることで、購入してもらえることもある。

(4) お客さまのプライベートなことには立ち入らない。

(5) お客さまから冗談を言われたら、それを受けることで信頼につながることもある。

4. 販売店勤務の松永真理子は、店長からサービススタッフが持たないといけない能力として次のことを教えられた。中から<u>不適当</u>と思われるものを一つ選び、番号で答えなさい。

(1) そのお客さまがどのようなサービスを望んでいるのかが分かること。

(2) 行ったサービスがどのような価値を持っているのかが分かること。

(3) お客さまは一人ひとり違うので、サービスをお客さまの違いに合わせられること。

(4) 行ったサービスをお客さまがどのように感じてくれているかが分かること。

(5) お客さまの望むことはどのようなことでもすべて受け入れ、サービスができること。

解答・解説

1. (4) お客さまの洋服選びのアドバイスすることが店員の役目だが、迷うことも買い物の楽しみ。お客さまの気持ちを考えずに無難なものをすすめるのは不適当。

2. (4) パンフレットを渡すだけではお客さまの要望に応える応対とはいえない。パンフレットを渡しながら、さらに詳しく説明をするべき。

3. (1) お世辞は場合によるが、親近感を持ってもらうために言うことではない。お客さまに気持ちよくお買い物をしてもらうことを考える。

4. (5) お客さまの望むサービスを提供することがスタッフの役目であるが、希望をすべて受け入れることがサービスではない。

「応対マニュアル」の意味

・・・

　ここでは、「応対マニュアル」が何のためにあり、どう活用していくべきかを考えてみましょう。

　応対マニュアルには、大きく以下のような意味があります。

応対マニュアルに従うことで、新人スタッフでもベテランでも、同じような応対ができる。

行き過ぎず、不十分ということもなく、どのお客さまにも当てはまるサービスができる。

　お客さまは、"スタッフの印象"を"お店全体の印象"としてとらえます。スタッフによって応対の仕方に差があるようでは、お店の印象もバラついてしまいます。そんなことにならないよう、応対マニュアルどおりにすることで、どのスタッフでも「感じのよい応対」ができ、サービスの均一化が図れるのです。

　応対マニュアルによって基本を知っておけば、急なお問い合わせやトラブルなどがあったときにも、あせらず丁寧な応対ができるというメリットがあります。また、基本を身につけておくことで余裕が生まれ、それ以上のサービスに目を向けることもできるでしょう。ただし、応対マニュアルばかりに気をとられていると、お客さまの気持ちに寄り添ったサービスができなくなってしまいます。また「マニュアルどおりにやったのに……」などと責任をおしつけるのもよくありません。応対マニュアルは守るべき基本として、臨機応変に応対する柔軟性をもつことが大切です。それによって、お客さまに「より満足していただけるサービス」ができるようになるのです。

第2章

専門知識

サービス業に従事するにあたって、
理解しておかなければいけない知識を学びます。
一つ目は、「サービスの意義と機能」。
サービスとは何か、どんな働きがあるかを確認します。
二つ目は「サービスの種類」。
いろいろな実例を通じて、
お客さまの立場に立った対応を学びます。
三つ目は「覚えておきたい商業・経済用語」。
サービスを提供するものとして最低限
知っておかなければならない言葉を確認します。

理解したら
check!

- ☑ **サービスの意義と機能**
- ☑ **サービスの種類**
- ☑ **覚えておきたい商業・経済用語**

サービスの意義と機能❶

・「サービス」とは何か、その意味を正しく知る。

・サービスの質を上げることによって、お客さまや会社にどんな影響を与えるのかを考える。

[サービスの意味は？] 客室乗務員が、社内研修でお客さま対応の仕方を教わっている

サービス業で大切なのは「お客さまの満足」です。

お客さまに満足してもらうには、どうしたら……。あれっ、そもそも「サービス」って何だっけ？

Check!
a

Check! サービスをすることの意味を考えてみよう

☑ **a お客さまに対して**：満足してもらえる。

☑ **自分に対して**：よいサービスによってお客さまから信頼を得る。

☑ **会社に対して**：イメージがアップし、業績につながる。

「サービス」とは何か

▲「サービス」の意義

サービス（英語：service）の語源は、ラテン語の"servitus（従う人）"で、「奉仕する」「給仕する」という意味をもちます。ですから、サービス業は「**お客さまに付き従い奉仕する仕事**」ということになりますが、ただ付き従えばよいということではありません。

サービス業におけるサービスの意義は「**お客さまをもてなす**」「**お客さまに満足してもらうサービスを提供する**」ということです。この意義を踏まえてお客さま対応に臨むことで、さまざまな状況においてどのように行動すべきかイメージしやすくなります。

▲「サービス」がもたらす影響

お客さまに満足してもらうサービスを提供すると、お客さまはどう感じ、どんなことが起こるでしょうか？

それは、お客さまは、「**またこのサービスを利用したい**」と感じ、繰り返し利用してもらうことでサービス提供者は信頼を得ることができるということです。そして、それが**事業への貢献**、**業績アップ**へとつながっていきます。サービススタッフ一人ひとりがその役割の一端を担っているのです。

検定試験では、サービスとは何か、何のためにサービスを提供するのかといった意義を具体的な事例に当てはめて問う問題が出題されます。p.50〜51 の「○×でチェック！」でさまざまな事例に慣れておきましょう。

ただ教わったとおりにするのではなく、「なぜそうするのか」を考えながら行動しないといけないね。

いろいろなサービススタッフ

▲ "店員" だけがサービススタッフではない

「サービススタッフ」というと、飲食店などの店員、ホテルや航空会社のスタッフなどが思い浮かぶかもしれません。しかし、人と接し、相手の立場に立ち、相手に満足してもらえる対応をするという「サービス接遇」の視点でいうと、あらゆる職業のあらゆるスタッフが「サービススタッフ」といえます。自分が関わる特定の職業だけでなく、さまざまな職業の事例から、「サービス接遇」の考え方、応対の仕方を学びましょう。

お店のスタッフ レストラン、カフェ、パン店、菓子店、スーパーマーケット、コンビニエンスストア、ドラッグストア、雑貨店、フラワーショップ、デパート、ブティック、家電量販店など。商品を提供・販売するにあたり、いかに気持ちよく商品を買っていただけるかが大切です。

レストランスタッフ

コンビニエンス
ストア店員

ブティック販売員

ホテル
フロントスタッフ

客室乗務員

ホテルなどの
サービススタッフ

ホテルのフロントスタッフ、客室乗務員、旅行会社やバスの添乗員、銀行の窓口やお客さま対応係、美容室スタッフ、宅配業者スタッフなど。商品を販売するのではなく、いかにお客さまに快適に過ごしていただけるかが大切です。

病院・介護施設などのスタッフ

病院や歯科・眼科などの受付、看護師、介護スタッフ、保育士といった職業も、人と接し、さまざまな要望に応えるという意味で「サービススタッフ」といえます。患者さんや施設利用者、そのご家族にいかに安心して利用してもらえるかが重要です。

看護師　　　　　介護スタッフ

企業受付　　　　営業スタッフ

企業受付・営業スタッフ

企業の受付や営業を担当するスタッフは、企業の"窓口"として取引先などの担当者（＝お客さま）と接します。直接品物やサービスを提供するサービス業でなくても、スタッフのイメージがその会社や商品のイメージとなるので、相手によい印象を与える必要があります。

官公庁、学校などの職員

地域住民や企業、学生、保護者と接する官公庁や学校などの職員も、ただ事務的に業務をこなすのではなく、利用者が利用しやすいように案内を行ったり、応対をする必要があります。

役所職員　　　　学校職員

「サービス接遇力」は、どんな仕事にも求められるスキルなんだね。

サービスの意義と機能②

- サービスの機能（働き）とは、お客さまの要望に応えるための行動のこと。
- スタッフとしてどう行動すべきかを考える。

[どこがダメ？] デパートの婦人服売り場で
お客さまが「商品を返品したい」と言ってきた

デザインがどうしても
気に入らなくて。

えっ、でも、これは本当に
高品質で、おすすめの
品なんですが……。

Check!
a

Check!
b

Check! どこがNGか説明してみよう

☑ **a 返答の仕方**：お客さまの立場に立たず自分の考えを言っている。

☑ **応対の姿勢**：お客さまの要望を聞こうとしていない。

☑ **b 表情**：返品されて、迷惑そうに見える。

48

サービスの機能

▲お客さまの要望に応える

左ページの状況では、お客さまの要望は「**商品を返品したい**」ということです。ですから、まずは返品に対応する姿勢が大事です。実際、商品が返品されると伝票の書き換えなどの手間がかかり、せっかくの売り上げがなくなってしまうと思うかもしれません。しかし、ここで最優先することは、自分の手間やお店の事情ではなく**お客さまの満足**です。デザインが気に入らなかったのであれば、どのようなデザインが希望なのか尋ね、別の商品で気に入るものがあれば交換するのがベストです。

大切なことは、**お客さまが望んでいること（ニーズ）を把握**し、臨機応変に**お客さまに寄り添ったサービスを提供する**ことです。「気持ちよく対応してもらった」「また利用したい」と思ってもらえれば、**リピーター（常連客、固定客）**の獲得につながり、結果としてお店や企業に利益をもたらすのです。

▲サービス向上のために

デパートや家電販売店などでは、「サービス向上月間」といった集中的にサービスを意識する期間を設けたり、商品を販売したあとも修理などのフォローをする「アフターサービス」に力を入れたりするお店がありますが、これらも**サービスを充実させるための機能**といえます。お客さまにサービスの内容を知らせ利用してもらうことで、**顧客を増やし、より充実したサービスへとつなげる**ことができるのです。また、スタッフにとっては、サービスをただ惰性で行うのではなく、**サービスをしようという意識を常にもつことができ**、スタッフのサービス力を養うこともできます。

リピーターになって
もらえるように、
お客さまに満足して
もらうことが大切なんだね。

サービスの意義と機能

○か×で答えながら、具体的な事例別の対応を学びましょう。
覚えたら☑にチェックを入れましょう。

問題	解答・解説
Q1 客室乗務員 お客さまのためにサービスすることが、ひいては会社の事業に貢献することになる。	**A ○** 「お客さまに満足を提供する」、それによって「事業に貢献する」ことがサービスの意義。
Q2 ホテルフロントスタッフ 質の高いサービスを行っていることをアピールするためには、いつも笑顔でさえいればよい。	**A ×** 笑顔だけでなく、お客さまが快適に過ごせるよう、よりよいサービスを追求する姿勢が大切。
Q3 紳士用品売り場スタッフ 未使用品の返品を希望するお客さまには、商品のよさを改めて説明し、返品しないほうがよいことを納得してもらう。	**A ×** 「返品したい」というお客さまの要望をまずは受けとめ、適切な対応をする。
Q4 家電販売店スタッフ アフターサービスを充実させる理由の一つに、お客さまに接する機会を増やしたいということがある。	**A ○** 接する機会を増やすことで、お客さまが気軽に相談しやすくなり、サービス充実につながる。
Q5 居酒屋スタッフ サービス向上月間には、特にサービスを意識して行うようにしている。	**A ○** 期間を設定することでサービスが惰性になることを防ぎ、サービスを見直すきっかけになる。
Q6 販売店スタッフ お客さまに質の高いサービスを提供するために、普段から自分自身がいろいろなお店でサービスを利用するようにしている。	**A ○** いろいろなお店のサービスに触れることは、よりよいサービスを考えるきっかけになる。
Q7 飲食店スタッフ 「サービスとは何か」を理解し、それを意識しながらサービスを行うようにしている。	**A ○** 何も考えずにただ仕事をこなすのではなく、その意味と目的を考えることも重要。
Q8 ホテルフロントスタッフ お客さまの行動を観察し、どのようなサービスを求めているかを想像する努力をしている。	**A ○** こうした経験を積むことで、よいサービス接遇力が養われる。

問題	解答・解説
Q9 家電販売店スタッフ お客さまが希望する商品の在庫がないときは、すばやく「お客さまの要望に一切応えられない」と伝える。	**A** × まずは取り寄せができるか、できる場合は何日くらいで手配できるかを確認する。
Q10 美容室スタッフ 一人ひとりお客さまの好みは異なるので、流行や自分の好みを押し付けないようにしている。	**A** ○ お客さまの要望を聞いて、それに応えることがサービススタッフの基本。
Q11 企業の受付担当 自分の応対の仕方によって会社の印象が変わるので、いつも感じのよい応対を心がけている。	**A** ○ 企業の"窓口"としてお客さまと接しているということを理解する。
Q12 旅行会社添乗員 一人参加のお客さまが不安そうにしていたら、こちらから話しかける。	**A** ○ お客さま一人ひとりが気持ちよく過ごせる気配りが必要。
Q13 販売店スタッフ 商品を決められないというお客さまには、贈り先の方の好みや家族構成を聞いてアドバイスする。	**A** ○ そのお客さまに合わせたサービスを提供することが大切。
Q14 スーパーマーケットレジスタッフ 会計時にお客さまから「この商品を買うのはやめる」と言われたら、了承していったん商品をレジで預かり、あとで戻す。	**A** ○ お客さまに返しに行ってもらうのではなく、あとで店員が戻す。
Q15 ファストフード店スタッフ 応対マニュアルは応対の基本だが、マニュアルに頼りすぎて、お客さまに機械的に接しないように気をつけている。	**A** ○ マニュアル通りに仕事をすることが基本だが、目の前のお客さまに合わせて柔軟に対応する。
Q16 セルフサービスカフェのスタッフ お客さまが自分でテーブルを拭けるよう、各テーブルの近くにぬらしたふきんを置いておく。	**A** ○ スタッフがサービスを怠っているわけではなく、お客さまの使いやすさを考慮したサービス。

サービスの種類❶

Point
- 「サービスの種類」とは、さまざまな状況に合わせたサービスのこと。
- 実例を通してサービスの種類を知る。

どこがダメ? 旅行会社添乗員が、お客さまから旅の行程について質問されている

……はい。確か11時の予定だったはずです。 **Check! a**

あの〜、フラワーパークには何時頃着きますか?

あ〜、どうだっけ。資料を見ないとわかんないな〜。 **Check! b**

Check! どこがNGか説明してみよう

- [✓] **a 返答**：旅の行程を理解していないので、的確な返答ができない。
- [ ] **話し方**：しどろもどろで、頼りない印象を与える。
- [✓] **b 表情・体勢**：笑顔を忘れお客さまのほうに体を向けていない。

お客さま対応の基本

▲話し方の基本

　お客さまと話すことは、あらゆる対応の基本となります。話すときのポイントを押さえておきましょう。

・**明るめのトーン**の声で話す。

・あらかじめ仕事の内容をしっかり理解し、お客さまに説明するときは、**簡潔に分かりやすく話す**。

・きちんと伝わるように、専門用語は使わずに、**分かりやすい言葉を使う**。

・一方的に話さずに、それぞれのお客さまのテンポに合わせる。

・お客さま同士で話されている場合は様子を見て、タイミングよく声をかける。

▲聞き方の基本

　相手の話を聞くときの姿勢も重要です。きちんと聞いていることを相手に伝え、相手の要望を的確に理解しなくてはなりません。

・適度に**相づち**をうちながら、「**はい**」「**さようでございますか**」と言う。

・**相手の方を見ながら話を聞く**。

・不明な点や分からない点は、あいまいなままにせずに**確認しながら聞く**。

・相手が**期待していること**を考えながら聞く。

・適度に**うなずき**をすることで、話をきちんと聞いていることを示す。

▲感じのよい応対

　上記のような話し方、聞き方のポイントを押さえ、さらに**気の利いた答え方や行動をとる**ことで、よい印象の応対になります。自分のサービススタッフとしての役割を理解し、仕事の内容をよく理解しておかないと、とっさに気の利いた応対はできないということを覚えておきましょう。

サービスの種類①

○か×で答えながら、具体的な事例別の対応を学びましょう。
覚えたら☑にチェックを入れましょう。

問題	解答・解説
Q1 飲食店スタッフ 常連のお客さまが来店したら、「いらっしゃいませ」だけでなく、笑顔で「いつもありがとうございます」と一言添える。	**A** ○ 常連のお客さまは顔を覚えて、感謝の気持ちを伝えるようにする。
Q2 ホテルスタッフ お客さまと話をするときは、お客さまのほうに顔と体を向けるようにしている。	**A** ○ お客さまのほうを向くのは基本。何か作業をしているときでもいったん手をとめて応対する。
Q3 家電販売店スタッフ 明らかにお客さまの扱い方による製品の不具合について苦情を言われたら、それを指摘して「正しく使用すれば問題はない」と言う。	**A** × まずは反論せずに、「承知しました。お預かりして確認をいたしますね」などと受け止める。
Q4 婦人服売り場スタッフ いつも積極的な声かけを心がけているが、お客さまが二人で来店し話をしながら選んでいるときは「いらっしゃいませ」のみにとどめる。	**A** ○ この場合は、邪魔にならないようお客さまの様子を見ながら声かけをする。
Q5 ファミリーレストランスタッフ 満席ですぐに座れずにお待たせしてしまったお客さまを案内するときは「大変お待たせいたしました」と声をかける。	**A** ○ どんなサービス業でも、お待たせした場合はまずこのようにお詫びの言葉を言うことが基本。
Q6 美容室スタッフ 予約時間どおりに来店されたお客さまを、前のお客さまが長引き、少し待たせてしまうときは、飲み物を出すようにしている。	**A** ○ 待っていただくのだから気が利いた感じのよい応対といえる。
Q7 食料品売り場スタッフ 試食の列に並ばないお客さまがいるときは、他のお客さまのために言いにくいことも言う必要がある。	**A** ○ 「順番にお並びいただいておりますので、少々お待ちいただけますでしょうか」などと言えばよい。
Q8 飲食店スタッフ お客さまの話を聞くときには、きちんと聞いていることを示すために相づちを打つようにしている。	**A** ○ 無言ではなく、「はい」「さようですか」などと言いながら適度に相づちを打つとよい。

問題	解答・解説
Q9 居酒屋スタッフ 大人数のお客さまに時間の終わりを告げるときは幹事に「恐れ入りますが、あと10分ほどでお開きの時間でございます」と言う。	**A** ○ 宴席では「終わり」といった縁起のよくない言葉は使わない。
Q10 家電販売店スタッフ 商品の説明をするときは、お客さまに合わせ、できるだけ専門用語を使わずに分かりやすい言葉で説明している。	**A** ○ 自分が普段使い慣れている用語も、誰にでも分かりやすい言葉に言い換える。
Q11 旅行会社添乗員 お客さまの要望を聞いているときは、相づちを打ちながら、うなずきもするようにしている。	**A** ○ 聞いていることを伝えるためには、うなずきをすることも有効な手段。
Q12 トレーニングジムスタッフ サービスの内容など、あとでよく読んでもらえるようにパンフレットをセットにして渡している。	**A** × その場で、お客さまが理解しているかを確認しながら、その場できちんと説明する。
Q13 ワインバースタッフ お客様にワインの種類や味の特徴を聞かれてもよいように、日頃から勉強を怠らない。	**A** ○ あらかじめ下調べをしておき、すぐに答えられるようにしておくことが望ましい。
Q14 家具店スタッフ お客さまに家具がある場所を聞かれたら、色やサイズなどを尋ね、お客さまの希望する家具をイメージしながらその場所に案内する。	**A** ○ お客さまの要望を察して、一人ひとりのお客さまに合わせた応対が求められる。
Q15 旅行会社窓口スタッフ お客さまが話したそうにしていても、できるだけ多くのお客さまの応対をするために、気づかないふりをして話を進める。	**A** × 相手の話をきちんと聞く姿勢が大事。要望はすべて聞き出し対応する。
Q16 観光旅館スタッフ 近くの観光名所や評判のよい料理店を調べておき、いつでも案内できるようにしている。	**A** ○ 自分の役割を理解し、下調べなどをしておくことがよいサービスにつながる。

サービスの種類②

Point
- お客さまが商品やプレゼントを選ぶ際のアドバイスの仕方の基本を学ぶ。
- 商品のおすすめは押し付けないことが大切。

[どう対応？] デパートのネクタイ売り場で「夫にネクタイを贈りたい」と相談された

夫の誕生日にネクタイを贈りたいんだけど。

さようですか。でしたら……。

Check!
a

Check! どう応対するのがよいか考えてみよう

- ☑ **a 応対の基本**：相手の好みを聞き、一緒に選ぶ。
- ☑ **商品の説明**：商品のよさや特徴を伝える。
- ☑ **購入後**：気に入らなかったら交換すると伝える。

お客さまにアドバイスをする

▲商品選びのお手伝いをする

　　サービススタッフは、お客さまから商品選びやプレゼント探しのアドバイスを求められることもあるでしょう。その際のポイントは、**相手の要望に応え、「聞いてよかった」と喜んでもらえるアドバイスをする**ことです。例えば、お客さまはどんな目的で商品を探しているのか、どんなものが好みか、迷っているとしたらどんなことで迷っているのかを的確に把握し、それに応えるようにします。「自分ならこれがおすすめ」「こういうものを選ぶのが無難」などとアドバイスするのは不適当です。

 実例

✳ **洋服を選ぶのに金額で迷っているお客さまには……**
「その分、着心地が素晴らしいですよ」「飽きがこないですよ」などのメリットを伝え、参考にしてもらう。

✳ **シャツをお買い求めのお客さまには……**
「このようなスカートを合わせると素敵ですよ」とコーディネート例をアドバイスする。

✳ **洋服や靴などのデザインで迷っているお客さまには……**
「試着をしてみてはどうですか」「鏡はこちらにございますよ」と案内し、実際に合わせると選びやすくなることを伝える。

✳ **プレゼント候補をいくつかに絞り込み、どれにするか迷っているときは……**
プレゼントの目的や贈る相手の好みなどを尋ねて適切なものをすすめ、「きっと喜んでいただけますよ」とプレゼントの効果を伝える。

✳ **プレゼントを探しているが相手の好みが分からないというときは……**
金額などできるだけお客さまの希望に沿ったものをすすめ、場合によっては「相手が気に入らなければ交換する」と伝える。

サービスの種類②

○か×で答えながら、具体的な事例別の対応を学びましょう。
覚えたら◻にチェックを入れましょう。

問題	解答・解説
Q1 宝飾店スタッフ 「パートナーへの贈り物にはどんなものがよいか」と相談されたので、「好みがわからないので、後日、一緒に来店してはどうか」と答えた。	**A ×** パートナーに内緒で選びたいという可能性もある。予算や希望のイメージを尋ねてその場で探すべき。
Q2 ギフト売り場スタッフ お客さまにはまず予算を尋ね、その予算以上の品物は絶対におすすめしないようにしている。	**A ×** 多少予算をオーバーしても、お客さまに喜んでもらうための手助けをするのがスタッフの役目。
Q3 雑貨店スタッフ お客さまがプレゼント用に多数の品の包装を希望するときは、手のあいているスタッフみんなで包装をする。	**A ○** 待ち時間を少しでも減らすようにすることも、お客さまに満足してもらうために必要なこと。
Q4 婦人服売り場スタッフ 「どちらがよいか、迷って決められない」というお客さまには、両方ともおすすめなので購入することをすすめる。	**A ×** 試着をすすめ、合わせてみると選びやすいなどとアドバイスをする。
Q5 陶器販売店スタッフ 商品を手にとって見ているお客さまに、商品の特長を説明し、「自分もそれが気に入っていて、とてもおすすめ」とアピールした。	**A ×** スタッフの好き嫌いよりも、まずは商品の特徴や使い方を説明するのがよい。
Q6 紳士服売り場スタッフ スーツをお買い求めのお客さまには、組み合わせやすいネクタイもおすすめした。	**A ○** どんなネクタイを持っているのかを尋ね、それらとの合わせ方をアドバイスしてもよい。
Q7 フラワーショップスタッフ 誕生祝いを探しているが、どんなものがよいかわからないというお客さまに、花もよいが食べ物などもよいとアドバイスした。	**A ×** 花を買いに来たお客さまに、花以外の商品をおすすめするのは不適当。
Q8 婦人服売り場スタッフ 「デザインがシンプルすぎないか」と心配するお客さまに、着回しのしやすさや長く着ることができるメリットを伝えた。	**A ○** 迷っているお客様にはポジティブな情報を伝えるのがよい。

問題	解答・解説

Q9 婦人服売り場スタッフ

アドバイスを求めていない雰囲気のお客さまには「どうぞごゆっくりご覧ください」と声をかける。

A ○

お客さまの様子をよく見て、状況に合った声かけをする。一人でじっくり見たい場合もある。

Q10 フラワーショップスタッフ

新築祝いに贈る物を探していると言われ、それならば、長く家に置いてもらえる観葉植物などどうかとすすめた。

A ○

なぜその商品をすすめるのか理由を説明し、お客様に納得してもらうことが大事。

Q11 時計売り場スタッフ

値段で迷っているお客さまには、「確かに少しお値段は張りますが、電池交換の手間と費用が省けますよ」と利点をお伝えしている。

A ○

ポジティブな情報を伝えることで、お客さまも購入に前向きになれる。

Q12 ブティックスタッフ

服の素材について尋ねられたら、品質表示のラベルを確認し、併せて素材の特性や洗濯をするときの注意も説明する。

A ○

ただ質問に答えるのではなく、お客さまへの気配りがあるとよい。

Q13 服飾品売り場スタッフ

バーゲン品を選んでいるお客さまには、品質がとてもよいので、お持ちの洋服に合えば大変お買い得だと言ってすすめる。

A ○

お客さまに「この店で買ってよかった」と満足してもらえるようなアドバイスをする。

Q14 ブラウス売り場スタッフ

お客さまが欲しいという商品が品切れの場合、取り寄せはできるが、いつになるかわからないと伝える。

A ×

取り寄せにかかる日数を伝え、それとは別に、似た商品もすすめるとよい。

Q15 家具店スタッフ

この家具がよいと思うが、実際に置いたときに合うかどうか不安、というお客さまには、置き方のアドバイスをする。

A ○

必要なスペースや他の家具との合わせ方などをアドバイスするとよい。

Q16 ドラッグストアスタッフ

効き目の強い市販薬を多めに購入したお客さまに、適切な飲み方を一言添えるようにしている。

A ○

ただ商品が売れればよいということではなく、お客さまのためのアドバイスをする。

サービスの種類③

Point
- 混雑時や閉店間際、雨の日など、いろいろな状況における**気の利いたサービス方法**を知る。
- **やむを得ない状況**でも上手に応対する。

[どう対応？] **銀行で、混雑して待ち時間が長い時間帯に新たなお客さまが来た**

うわぁ～、混んでる……。

いらっしゃいませ。

Check!
a

Check! どう対応するのがよいか考えてみよう

- ☑ **a 行動**：フロアの状況や待ち時間を把握しておく。
- ☑ **声かけ**：混雑のお詫びをし、だいたいの待ち時間を伝える。
- ☑ **プラスの対応**：待ち時間に見られるようパンフレットなどを渡す。

気の利いたお客さま対応

▲混雑時にお客さまを案内する

　銀行や役所の窓口、飲食店などで、お客さまが集中し、やむを得ずお客さまを待たせてしまうようなこともあるでしょう。そんなときは、お客さまに状況を伝え、それでもよければ待ってもらうようにします。お客さまにとっておおよその待ち時間も分からずただ待つことは、とても不安でいらだつものです。①まずは待たせてしまうことを**詫びる**。②待ち時間や状況を確認し、**お客さまに伝える**。③待ち時間が無駄にならないよう、**メニューやパンフレットなどを案内する**。このような流れを意識するとよいでしょう。

▲閉店（開店）間際の対応

　原則、**入店を断らないこと**です。お客さまがその時間に来店したのは、どうしてもその時間しか来られないからかもしれません。あからさまに嫌な顔をしたり、またの来店をお願いしたりするのは不適当です。閉店（開店）の作業をすることは構いませんが、限られた時間でも、できる限りの対応をするようにします。

▲忘れ物や落とし物の取り扱い

　忘れ物や落とし物は、**問い合わせがあったらすぐに対応できるようにスタッフ間で情報を共有し、取りに来られるまでお店で保管する**のが基本です。

　忘れ物を見つけた場合、お客さまの連絡先の手がかりなどがあれば、**すぐに連絡をします**。他のお客さまが届けてくれた場合は、**その物があった場所や時間を確認します**。財布などの場合は、届けてくれた人の氏名や連絡先も聞いておくようにします。

p.62 ～ 63 で、顧客サービスのいろいろな工夫を見てみよう！

61

サービスの種類③

○か×で答えながら、具体的な事例別の対応を学びましょう。
覚えたら☑にチェックを入れましょう。

問題	解答・解説
Q1 理髪店スタッフ お子さまのお客さまが飽きないように、絵本などを用意しておく。	**A ○** さまざまな年齢のお客さまに合ったサービスの工夫があるとよい。
Q2 生鮮食品売り場スタッフ 生鮮食品売り場の旬の食材のところに、おすすめの料理法を記したカードを用意する。	**A ○** 購入したあとの調理法をイメージでき、お客さまに喜んでもらえる。
Q3 衣料品店スタッフ 他の店で購入した商品でも、お客さまに「お荷物をまとめましょうか？」と声をかけて、併せて包装するようにしている。	**A ○** こうした心配りが、お客さまが店に親しみを感じるきっかけとなる。
Q4 ギフト売り場スタッフ お急ぎのお客さまが来られたが、開店まで少し時間があるので、丁重にお断りした。	**A ×** その時間に来店したお客さまの都合を考え、できる限りの応対をするべき。
Q5 銀行フロア案内係 閉店間際に来店したお客さまに気づき「本日は閉店ですので、またのご来店をお待ち申し上げております」と伝えた。	**A ×** 「正面入り口は閉めさせてもらうが、気にせず利用してほしい」などと伝える。
Q6 タクシードライバー 乗車中のお客さまに道路の混雑状況を尋ねられたので、「ナビも当てにならないので何ともいえない」と答えた。	**A ×** 実際に何ともいえないにしても、いつもの混雑状況を伝えるなど具体的に答えたほうがよい。
Q7 携帯ショップスタッフ 混雑時に来たお客さまには、店内の様子を確認し、おおよその待ち時間を伝える。	**A ○** めどが立たないまま待つのはお客さまにとって嫌なもの。状況を伝えるとよい。
Q8 飲食店スタッフ お客さまが帰られた直後にテーブルに携帯電話が置き忘れてあるのを見つけたので、すぐに交番に届けた。	**A ×** お客さまがすぐに戻って来られることもあるので、忘れ物はまずは店で保管しておく。

問題	解答・解説

Q9 フラワーショップスタッフ

観葉植物を購入されるお客さまには、育て方を書いたメモを一緒に渡している。

A ○

こうした気配りによって、お客さまに「この店で買ってよかった」と思ってもらえる。

Q10 スーパーマーケットスタッフ

さまざまなお客さまのニーズに対応するために、同じ惣菜でも大・中・小のパックを用意している。

A ○

お店の手間は増えるかもしれないが、お客さまにとって利用しやすくなる。

Q11 回転ずし店スタッフ

長く待たせてしまったお客さまには、一皿サービスをするようにしている。

A ○

お客さまは得をしたと感じ、お店によい印象をもってもらえる。

Q12 理容店スタッフ

混雑しているときに来店したお客さまには、店内で待たなくてもよいように連絡先を聞き、順番が近づいたら連絡をする。

A ○

お客さまによっては外出して他の用事を済ませることもできてよい。

Q13 販売店スタッフ

雨の日は、床がすべりやすくなっていることをお客さまに伝えたり、タオルを貸し出ししたりする。

A ○

足下が悪いなか来店されたお客さまが不快にならないように気配りをする。

Q14 調剤薬局スタッフ

薬を取りに来たが、待っている人が多いので出直すという患者さんには、混雑しないと思われる時間帯を伝えるようにしている。

A ○

お客さまにも都合がある。混雑する時間帯を伝えて分散して来場されるなどの工夫をする。

Q15 食料品店スタッフ

賞味期限の短い食料品を買ったお客さまに、必ず期限内に食べるように伝える。

A ✕

賞味期限とは、おいしく食べられる期限のこと。「必ず」ではなく「なるべく」のほうが適切。

Q16 ビジネスホテルスタッフ

バイキング形式の朝食の開場直後は混雑するので、お客さまのチェックイン時に、時間をずらしてもらうようお願いした。

A ✕

混雑緩和のためにまずは、料理をスムーズに取りやすい配置にするなど、ホテル側の工夫が必要。

サービスの種類④

どこがダメ？ 歯科医院で、歯科助手が受付で作業をしているときに患者さんが来た

あっ、誰か来た。でも、これ先にやっちゃおっと。

Check! a

Check! b

Check! どこがNGか説明してみよう

☑ **a 顔:** 下を向いていて、表情がよく見えない。

☑ **b 行動:** 患者さんを見ずに自分の作業を優先している。

☑ **声かけ:** 患者さんに声をかけずに放置している。

病院や介護施設などでのお客さま対応

▲受付担当のときは

　病院や介護施設では、患者さんや施設利用者、そのご家族と接します。これもサービス接遇であり、他のサービスと同様に、**気遣いと感じのよい応対**が求められます。

　例えば、受付に患者さんが来られたら、自分の作業の手はいったんとめて「**こんにちは**」とあいさつをし、会計のときには「**お待たせしました**」と声をかけるようにします。仕事上、マスクをしていることが多いので、顔を上げアイコンタクトをしっかりとるなど、来院への感謝の気持ちをはっきりと伝えます。病院で患者さんが帰る際には「**お大事になさってください**」と声をかけます。

▲安心してもらうための声かけ

　病院などでの"お客さま"は「患者さん」であり、調子が悪かったり、いつも以上に不安を抱えていたりしています。安心してもらうためには、**相手の気持ちに寄り添った気遣い**が必要です。

　困っている患者さんがいたら「いかがなさいましたか？」と声をかけ、検査をするときには、「心配されることはございませんよ」と安心して任せてもらえるようにします。また、検査の内容、薬の種類などを説明するときは、丁寧に、相手が理解しているかを確認しながら説明します。

自分が病院などの
従事者でなくても、
気遣いの基本として
覚えておこう。

サービスの種類④

○か×で答えながら、具体的な事例別の対応を学びましょう。
覚えたら☑にチェックを入れましょう。

問題	解答・解説
☑ **Q1** 調剤薬局スタッフ ☑ ☑ 薬の説明書を渡すときに質問をされたら、丁寧に説明し、説明書にアンダーラインを引いて渡すようにしている。	**A** ○ 健康にかかわることなので、絶対に間違えないようにする心遣いが必要。
☑ **Q2** 介護施設スタッフ ☑ ☑ 施設内でよく話しかけてくる施設利用者の方は、話し相手がほしいのかもしれないので、忙しくてもできるだけ話を聞く。	**A** ○ 施設では利用者がお客さま。寄り添った対応をすることで満足が得られる。
☑ **Q3** 調剤薬局スタッフ ☑ ☑ 患者さんに薬を渡すときは、袋から出し、一種類ずつ用法や用量を説明する。	**A** ○ 丁寧に説明することで、患者さんに安心して薬局を利用してもらえる。
☑ **Q4** 介護施設スタッフ ☑ ☑ 施設利用者の介助などで相手の体に触れるときには、必ず声をかけてから手伝うようにしている。	**A** ○ 利用者の体に触れる前に声かけが必要。必ず説明して合意を得た上で触れるようにする。
☑ **Q5** X線検査技師 ☑ ☑ 検査をするときは、「もう少し左へ」ではなく「半歩左へ」というように、具体的に言うようにしている。	**A** ○ 指示は、曖昧ではなく、相手が動きやすいように具体的に伝える必要がある。
☑ **Q6** 調剤薬局スタッフ ☑ ☑ 薬を渡すときは、間違えないよう、患者さんに名前と病名を言ってもらってから渡すようにしている。	**A** × 患者さんに病名をわざわざ言ってもらうのは不適当。病名は、本人が知られたくない場合がある。
☑ **Q7** 介護ヘルパー ☑ ☑ 施設利用者に手を貸すときは、"お世話をしている"という雰囲気が強く出ないように注意している。	**A** ○ 高齢者は社会経験が豊富で自信をもっていることも多いので、傷つけないようにする。
☑ **Q8** 病院事務スタッフ ☑ ☑ 病院内で困っている患者さんを見かけたら、「いかがなさいましたか？」と近づいて声をかける。	**A** ○ 自分が担当でなくても、近づいて声をかけるのが適切。

問題	解答・解説
☑ **Q9 薬剤師** ☑ ☑ 顔見知りの患者さんには、声をかけて体調の具合などを聞く。	**A** ○ 病院では特に、いたわりや心遣いが必要。
☑ **Q10 病院事務スタッフ** ☑ ☑ 患者さんに入院の説明をするとき、入院案内を渡してよく読むように伝える。	**A** × 間違いのないよう、こちらからきちんと説明することが事務スタッフの役割。
☑ **Q11 介護ヘルパー** ☑ ☑ 着替えなど、ある程度自分でできるお年寄りには、敢えてあまり手助けをせずに励ましの言葉をかけるようにしている。	**A** ○ なんでもかんでも手助けするのではなく、相手の状態やペースに合わせて適切な手助けをする。
☑ **Q12 デイサービススタッフ** ☑ ☑ 施設利用者への介護やリハビリといったサービスだけでなく、施設利用者のご家族への気配りも欠かさないようにしている。	**A** ○ デイサービスには、施設利用者だけでなく、家族の負担を軽減する役割もある。
☑ **Q13 内科医師** ☑ ☑ 検査の内容を伝えるためには専門用語を使わざるを得ないので、患者さんからの質問は受けないようにしている。	**A** × 専門用語を使うときは相手が理解しているか確認して、質問にも答えて安心できるようにする。
☑ **Q14 クリニック受付スタッフ** ☑ ☑ クリニック内では感染予防のため、スタッフもマスクを着用し、空気清浄機などを設置して換気を行っている。	**A** ○ 患者さまが安心して来院できる環境を整えることは、病院の信頼につながる。
☑ **Q15 病院の会計係** ☑ ☑ 患者さんがお帰りの際には、「お大事になさってください」とやさしい口調で声かけをしている。	**A** ○ 他のサービス業と同様に、病院でも患者さんへの気遣いと感じのよい応対が大事。
☑ **Q16 介護ヘルパー** ☑ ☑ 初めての利用者に接するときは特に、優しく声をかけ、気軽に親しんでもらう雰囲気を心がけている。	**A** ○ 初対面のヘルパーには特に不安を感じるものなので、十分な気配りを心がける。

覚えておきたい商業・経済用語

Point

・サービス業の現場でよく使われる、商業用語や経済用語を覚える。

・商売などに関連する慣用句や言い回しを覚える。

言葉の意味は？ 飲食店の店員がご近所の畳屋さんと話をしている

Check! a
そちらは**書き入れ時**だね〜。

Check! b
それに比べて、うちは**左前**で困っちゃうよ。

Check! c
そろそろ**暖簾（のれん）を下ろそう**かとも思うんだがね。

Check! 用語の意味を答えてみよう

☑ **a 書き入れ時**：商売が繁盛している時期。

☑ **b 左前**：商売がうまくいかなくなること。

☑ **c 暖簾を下ろす**：商売をやめること。

覚えておきたい商業用語

▲「流通」に関する用語

「流通」とは、商品が生産者から消費者に渡るまでの一連の流れのことです。

☐ 生産者	商品を生産する人・会社。メーカー、農家、漁師など。
☐ 卸会社・卸売業者	商品を生産者・製造元から仕入れて、小売業者に売る会社・業者。
☐ 小売店・小売業者	商品を最終的に消費者に売るお店・業者。
☐ 消費者	商品を実際に使う人・会社。「ユーザー」ともいう。

商品の流れ

| 生産者 | 卸会社・卸売業者 | 小売店・小売業者 | 消費者 |

▲「お店」に関連する用語

伝統的な呼び方、事業形態による呼び方などがあります。

☐ 老舗（しにせ）	昔から代々続いている店。
☐ 元祖（がんそ）	あることを最初に始めた人・店。
☐ 本舗（ほんぽ）	ある商品を製造・販売する大本のお店。
☐ 屋号（やごう）	お店の名前、呼び名のこと。
☐ アンテナショップ	企業や地方自治体が、自社製品などの売れ行きの動向や消費者の興味を探るために直営するお店。
☐ フランチャイズ	本部が加盟店にノウハウや屋号などを提供し、見返りに対価を得る事業形態。

▲「取り引き」「価格」に関連する用語

伝統的な呼び方、事業形態による呼び方などがあります。

☐ 原価(げんか)	商品やサービスを生産するためにかかった元の金額。
☐ 売値(うりね)	実際に売れたときの値段。
☐ 元値(もとね)	商品を仕入れたときのお金。「買い値」ともいう。
☐ 元金(がんきん)	何かを始めるときに用意するお金。
☐ 前金(まえきん)	品物を受け取る前に支払うお金。「アドバンス」ともいう。
☐ 保証金	あることに責任をもつことを証明するために渡すお金。
☐ 手付金	買う側が代金の一部を保証として先に支払うこと。
☐ 口銭(くちせん・こうせん)	売買を仲介した際の手数料、委託料。「コミッション」ともいう。
☐ マージン	原価と売値との差額。「粗利益(あらりえき)」「利ざや」ともいう。
☐ ロイヤリティ	ある権利を利用した人が、権利を持つ者に支払う対価のこと。
☐ オークション	客に値段をつけさせて、一番高い値をつけた客に売る売り方。「競売」「競り売り」ともいう。
☐ 先物買い(さきもの)	その商品の将来性に期待して買うこと。
☐ アウトレット	余った商品や規格外の商品を通常とは別のルートで安く売ること。
☐ 定価	あらかじめ決まっている価格。
☐ 希望小売価格	生産者が、小売業者に対して希望する価格。
☐ オープン価格	生産者が希望小売価格を設定せず、小売業者に値付けを一任した価格。
☐ 卸売価格	卸売業者が販売するときの価格。
☐ 本体価格	消費税等を含まない、本体の価格。
☐ 再販価格	生産者が、小売業者に対してこの値段で売るように指示した価格のこと。

☐ プレミア価格	なかなか手に入らない商品や珍しい商品につけられる価格。
☐ 時価	ある商品の、その時々の価格。
☐ 掛け値	実際よりも高く値段をつけること。
☐ 正価	掛け値なしの価格のこと。
☐ 特価	特別に安い価格のこと。
☐ 廉価	安い価格のこと。
☐ 予価	予定している価格のこと。
☐ 言い値	売り手の言う通りの値段のこと。
☐ 付け値	買い手がつけた値段のこと。
☐ 捨て値	損を承知でつけた安い値段。
☐ 値踏み	ある商品の値段の見当をつけること。品定め。

「オープン価格」って
家電なんかでよく聞くけど
どんな意味だっけ。
説明できるかな。

▲「商品」に関連する用語

同じ商品でも、その位置付けなどによっていろいろな呼び方があります。

☑ 最寄り品	最寄りの店で手短に買われる商品。日用品など。
☑ 買回り品	複数の店を見て回り、比較検討するような商品。洋服や家電製品など。
☑ 専門品	その商品を持つこと自体に価値があるもの。高級ブランド品やジュエリーなど。
☑ 目玉商品	客寄せを目的とした商品のこと。「おとり商品」ともいう。
☑ 季節商品	特定の季節・時期を中心として販売される商品。
☑ 掘り出し物	思いがけなく手に入った珍しい品物。
☑ 訳あり品	何らかの理由で安い価格がつけられた商品。
☑ 型落ち品	最新型が出たために古い型になった商品。
☑ 見切り品	見限って値段を安くして売る商品。
☑ おつとめ品	特別に値引きをして売るサービス品。
☑ まがい物	本物に似せて作られた商品のこと。「模造品」「コピー品」ともいう。
☑ ノベルティ	社名や店名を入れて無料配布する記念品。
☑ プレミアム	商品につける景品。おまけ。
☑ 試供品	試しに使ってもらうため無料で提供される商品。「サンプル」ともいう。
☑ 非売品	店頭では売らない商品。

▲「販売」「宣伝・広告」に関連する用語

用語とその意味、または関連する言葉との組み合わせを正しく答えられるようにしておきましょう。

☑ 店頭販売	店頭でお客さまに直接販売する方法。
☑ 訪問販売	販売員がお客さまのお宅を訪ねて商品を販売する方法。
☑ 通信販売	テレビ、ウェブサイトなどで商品を紹介し、通信で注文を受け販売する方法。ウェブサイトの場合、「オンライン・ショッピング」ともいう。
☑ 実演販売	商品の扱い方などの実演を見せながら販売する方法。
☑ 無人販売	販売員の代わりに自動販売機などを使って商品を販売する方法。
☑ セルフサービス	お客さまが商品を自分で選び、低価格・短時間の買い物ができるようにした販売方法。
☑ ダイレクトメール	郵便などでお客さまに直接送られる広告。
☑ POP 広告	お客さまが商品を買うときに（Point Of Purchase）、商品に関心をもってもらうための店頭広告。
☑ 投げ売り	在庫を売り切るために、損を覚悟で安く売ること。「捨て売り」ともいう。
☑ たたき売り	威勢よく台をたたいて少しずつ値引きして売る売り方。

▲「時期」「期限」に関連する用語

同じ商品でも、その位置付けなどによっていろいろな呼び方があります。

☑ 書き入れ時	商売が繁盛している時期。
☑ 五十日 （ごとおび）	毎月のうち五か十がつく日。日本では決済を行う企業が多い。
☑ 二八 （にっぱち）	一般的に売り上げが下がるとされる2月と8月のこと。
☑ 繁忙期	お客さまがたくさん来て忙しい時期。
☑ 閑散期	お客さまが来ず暇な時期。
☑ 消費期限	安全に食べることができる期限。
☑ 賞味期限	おいしく食べることができる期限。

▲「お客さま」に関連する用語

お客さまをいろいろな呼び方で表現します。

□ 常連客	商品をよく買ってくれたり、利用してくれるお客さま。「リピーター」「常客」ともいう。
□ 上客	客の中でも特に大切なお客さま。お得意さま。
□ 一見客 (いちげん)	常連ではない初めて来られるお客さま。
□ ひやかし	買う気がないのに商品を見て回るお客さま。
□ ひいき筋	ひいきにして特別に引き立ててくれるお客さま。

▲商売繁盛を願う縁起物

実際に飾っている企業や店舗も多くあります。実際の物と名前が一致するようにしておきましょう。

□ 熊手	酉 (とり) の市で売られている。福をかき集めるといわれる。
□ だるま	だるま市で売られている縁起物。
□ 縁起棚	客商売の家で、縁起を祝うために設ける神棚。
□ 招き猫	前足で招くような姿の猫。人やお金を招くといわれる。

▲伝統的・慣用的な言い回し

仕事に携わるうえでは、さまざまな年代の人とやりとりをすることになります。商売に関する独特の言い回しを覚えておきましょう。

□ お墨付き	えらい人から信頼を得ていること。
□ 折り紙つき	確実な品質を持ったものであるということ。
□ 正札つき (しょうふだ)	評判のよい商品であるということ。
□ 棚おろし	商品を棚からおろし、在庫の数量を確認すること。
□ 棚ざらえ	在庫整理のため、残った商品を安売りすること。「店 (たな) ざらえ」とも書く。
□ 大枚をはたく (たいまい)	大金を使い果たすこと。「大枚」は多額のお金。
□ 閑古鳥が鳴く (かんこどり)	お客さまが来ず、閑古鳥 (カッコウ) が鳴いているような静かで寂しい店の様子。
□ 暖簾分け (のれん)	弟子などに同じ屋号の店を出させること。

☑ 暖簾を下ろす	商売をやめること。
☑ 初荷 （はつに）	正月の仕事始めの日に、荷（商品）を美しく飾って初出荷すること。
☑ 左前になる	商売がうまくいかなくなること。「左向き」ともいう。
☑ 右肩上がり	売り上げなどがよくなること。

■ 覚えておきたい経済用語

▲マーケティングに関連する用語

　「経済用語」とは、社会的な経済活動やマーケティングに関連する用語です。新聞やニュースに出てくる言葉にも関心を持ち、知識を深めましょう。

☐ マーケット	市場（しじょう）のこと。商品などの取り引きがされる場所。
☐ マーケティング	市場調査に基づく商品化・販売促進によって効果的に販売を行う一連の商業活動。
☐ マーチャンダイジング	お客さまのニーズに合わせた商品を適正価格で販売する一連の商業活動。
☐ コストパフォーマンス	値段に対する商品の性能などの評価。
☐ シェア	業界全体の売上高に対して、ある商品の売上高が占める割合。
☐ プロパー	販売促進を行う人。
☐ バイヤー	流通ルートを開拓し、買い付けをする人。
☐ モニター	新製品を試用して、品質などについて意見を述べる人。
☐ カスタマー	顧客のこと。
☐ コンシューマー	消費者のこと。
☐ ビフォアサービス	商品購入前に行う、販売促進活動。例として「お試し品」など。
☐ アフターサービス	商品買い上げ後に行う、修理などのサービス。
☑ プライベートブランド	スーパーマーケットなどの自主企画商品。これに対してメーカー企画の商品を「ナショナルブランド」という。
☐ ケータリングサービス	レストランなどの出張調理サービス。
☐ デリバリーサービス	品物や飲食物をお客さま宅まで配達するサービス。

覚えておきたい商業・経済用語

○か×で答えながら、p.68〜75の内容を確実に覚えましょう。
正解したら☑にチェックを入れましょう。

問題	解答・解説
Q1 企業などが自社製品の売れ行きの動向や消費者の興味を探るために直営するお店を「アンテナショップ」という。	**A** ○ 販売だけではなく、情報の発信・受信を目的としていることからこう呼ばれる。
Q2 売買を仲介した際の手数料は「マージン」、または「アドバンス」という。	**A** × 手数料は「口銭」「コミッション」。「アドバンス」は前金のこと。
Q3 「オープン価格」は生産者が小売業者に対して希望する価格のことである。	**A** × 「オープン価格」は生産者が小売業者に値付けを一任した価格。
Q4 在庫を売り切るために、損を承知で安く売ることを「捨て売り」という。	**A** ○ 「投げ売り」ともいい、その値段を「捨て値」という。
Q5 社名や店名を入れて無料配布する記念品を「ノベルティ」という。	**A** ○ 社名や店名を知ってもらい、集客するために配布する。
Q6 優待セールは、お店がオープンするときに行うセールである。	**A** × 特別なお客さま向けのセール。オープンする際のセールは「オープニングセール」という。
Q7 商品を製造元から仕入れて小売店に売る業者を「卸売業者」という。	**A** ○ 「卸会社」ともいい、その販売時の価格を「卸価格」という。
Q8 「上客」はお店をよく利用してくれるお客さまのこと。	**A** × よく利用してくれるお客さまは「常客」「常連客」。

問題	解答・解説
Q9 その商品自体を販売することが目的ではなく、集客が目的の商品を「目玉商品」という。	**A** ○ 客寄せが目的で、「おとり商品」ともいう。
Q10 市場調査に基づき商品化・販売促進を行う商業活動を「マーケティング」という。	**A** ○ ニーズを的確につかみ計画的に販売促進することで利益を上げる。
Q11 お客さまが少なく寂しい店の様子を「閑古鳥が鳴く」という。	**A** ○ 「閑古鳥」は「カッコウ」のこと。客があまり入っていない様子を表す。
Q12 定評のある商品を「正札付き」という。	**A** ○ 「正札」は正しい値段の札のこと。「札付き」ともいう。
Q13 売れ残っている商品を安値で売ることを「棚ざらえ」という。	**A** ○ 「店ざらえ」と書く場合もある。「決算のために棚ざらえする」というように用いる。
Q14 スーパーマーケットなどが自社で企画販売する商品を「プライベートブランド」という。	**A** ○ メーカーのナショナルブランドより値段が安くなる場合が多い。
Q15 販売促進を行う人を「バイヤー」という。	**A** × 販売促進を行う人は「プロパー」。「バイヤー」は買い付けをする人。
Q16 「再販価格」は、以前売られていた商品を再び販売するときの価格のこと。	**A** × 製造業者が決めた価格で販売する商品の価格。書籍やCDなどが指定されている。

専門知識

実際の検定試験と同じ形式の「選択問題」にチャレンジしてみましょう。

3級 問題

1. 次は家電販売店のサービスとして岡崎翔太が心がけていることである。中から<u>不適当</u>と思われるものを一つ選びなさい。

(1) お客さまにまた利用してもらえるよう、積極的に新製品の情報提供をするようにしている。

(2) 製品の修理を依頼されたら、修理後のアフターフォローも忘れないようにする。

(3) 製品を届けるためにお宅に伺うときは、訪問日と時間帯の詳細を知らせ、お客さまが予定をたてやすいようにする。

(4) 初めてのお客さまには、店によい印象をもってもらえるよう、製品のお届けが可能で気軽に利用してもらえることをアピールする。

(5) お客さまの希望の製品が品切れのときは、ないことを説明し納得してもらう。

2. 次は旅行添乗員の川村華子の対応である。中から<u>不適当</u>と思われるものを一つ選びなさい。

(1) 一人参加のお客さまが不安そうにしていたので、話しやすい雰囲気をつくるようにした。

(2) お客さまに苦情を言われたが、その場の雰囲気が悪くならないよう、大目に見てほしいと言った。

(3) 施設見学中にタバコを吸っているお客さまに、休憩時間に決められた場所で吸ってほしいと丁寧に伝えた。

(4) 見学の案内をするときに、ただ説明するだけではなく、お土産や撮影スポットなどの話題も加えた。

(5) 道路が混雑していたので、到着予定時間や解散時間などをこまめにお伝えした。

3. ブティック勤務の松田さおりは、お客さま対応について考えた。中から不適当と思われるものを一つ選びなさい。

(1) 選ぶのに迷っているお客さまには、使用目的を尋ね、決めるためのアドバイスをするのがよいのではないか。

(2) 買う気になってもらうために、とにかく積極的に商品をすすめるようにしたらどうか。

(3) その服の説明だけでなく、他の服とのコーディネートの仕方もアドバイスしてはどうか。

(4) いつもと雰囲気を変えてみたいというお客さまには、雰囲気の違うものをいろいろと提案し、試してみてもらってはどうか。

(5) 洋服のデザインなど流行を説明することで、お客さまに手にとってもらいやすくなるのではないか。

4. 理髪店のスタッフ池上明子が考えたお客さま応対である。中から不適当と思われるものを一つ選びなさい。

(1) 泣き出したお子さんのために、絵本やおもちゃを用意しておく。

(2) お帰りの際の急な雨でも困らないよう、返してもらわなくてもよいビニール傘を用意しておく。

(3) お客さまの誕生日にいつもと違う髪形を提案できるよう、見本の写真を準備しておく。

(4) 混雑時に来店したお客さまには、待ち時間を伝え、待っていただければ応対できることを伝える。

(5) 飛び入りでやって来るお客さまもいるが、できるだけお客さまの予定や時間を優先して応対する。

解答・解説 -

1. (5) 納得してもらうのではなく、取り寄せる場合はどれくらいかかるか、同じような製品があるがお客さまは気に入るかなど、次につながるような提案をする。

2. (2) 苦情を言われたら、まずお詫びの言葉を述べ、事情を確かめ改善のための対応をする。「大目に見てほしい」と言うと、相手をいっそう不快にさせる。

3. (2) 押し付けるのではなく、お客さまのことを考えたスタッフの応対によって、お客さまが買う気になるようにする。

4. (3) 気の利いた応対は必要だが、一方的に髪形を変える提案をするのは行き過ぎ。まず、お客さまの要望を聞き、それに応えることが大事。

専門知識

実際の検定試験と同じ形式の「選択問題」にチャレンジしてみましょう。

2級 問題

1. 次はフラワーショップ店員の竹内敦史の応対である。中から<u>不適当</u>と思われるものを一つ選びなさい。

(1) 新築祝いと聞いて、その後も家に置いてもらえる観葉植物を提案した。

(2) 誕生日プレゼントの花選びに迷っているというお客さまに、最近仕入れた花器をすすめた。

(3) お墓に供える花を買い求めに来たお客さまに、風に強い花をすすめた。

(4) 会社を退職する同僚に贈るという花束を作るために、贈る相手の好みや雰囲気を尋ねて、できるだけ希望を取り入れた。

(5) 母の日の贈り物を買いに来たお客さまに、花を渡すときにお母さまに喜んでもらえるようなメッセージカードをすすめた。

2. 次はスーパーマーケットのレジを担当する小池町子が考えたサービスである。中から<u>不適当</u>と思われるものを選びなさい。

(1) どんなにレジが混んでいても、お客さまが入ってくるのが見えたら「いらっしゃいませ」と声に出して言う。

(2) 会計を待って並んでいたお客さまには「お待たせしました」と言う。

(3) レジを担当しているときは、淡々と応対してしまいがちだが、一人ひとりのお客さまに合った応対を心がける。

(4) 購入商品が少ないお客さまには、商品を無料の小袋に入れて渡す。

(5) 会計前にお客さまに「この商品は買わずに戻したい」と言われたら、不要な商品をスタッフが預かり、お客さまにお手数をおかけしない。

3. 家庭電器店のスタッフ鈴木彩は、店長から「これからはアフターサービスに力を入れ，この店の魅力にしたい」と言われた。そこで先輩にアフターサービスのメリットを尋ねたところ、次のように教えてくれた。中から<u>不適当</u>と思われるものを一つ選びなさい。

(1) アフターサービスでお客さまと接する機会が増えると、お客さまがこちらにいろいろと尋ねやすくなり、販売の機会ができる。

(2) 購入後の製品について、いつでも相談に乗ることが、店の信頼につながる。

（3）アフターサービスによってお客さまと接したり製品の保守点検をしたりする経験ができ、社員研修が省ける。

（4）お客さまの家へ伺う機会ができ、その家に合った他の製品をすすめやすくなる。

（5）アフターサービスが行き届いていることが分かると、お客さまは安心して購入する気になる。

4. 次はセルフサービスレストランのスタッフ大沢健司が、お客さまにセルフサービスを気持ちよく利用してもらうにはどのようにすればよいか考えたことである。中から<u>不適当</u>と思われるものを一つ選びなさい。

（1）スタッフが空いた食器を片付けるとき、食器を下げるだけでなく、乱雑になっているいすも整えるようにしたらどうか。

（2）テーブルが汚れていたらお客さまが自分でも自由に拭けるよう、テーブルにウェットティッシュを置くのはどうか。

（3）大きな荷物を持ったお客さまが足元に荷物を置かなくて済むように、目の届く位置に荷物を置けるコーナーを設けたらどうか。

（4）食事は前払いの食券でよいが、酒類は追加が多いので、酒類だけ後払い方式にしてはどうか。

（5）6人テーブルを1人で使うと席が不足するので、テーブルに人数表示をして、少人数のお客さまが座りにくいようにしたらどうか。

解答・解説

1.（2）花を買いに来ているので、花についてのアドバイスをすることがお客さまの求めている応対。

2.（1）レジではお金のやりとりがあるので、入店されたお客さまへの声かけは必ずしも優先することではない。レジのお客さまを優先するべき。

3.（3）アフターサービスは、お客さまのためにその店で売った製品の点検、修理などを充実させ、それがお客さまの信頼を得るのにつながっていくもの。社員研修を省くためのものではない。

4.（5）無駄をなくして効率を考えながらも、お客さまに利用しやすくすることがポイント。人数を表示することは、お客さまにとって気持ちのよいサービスではない。

知っておきたい AIDMA（アイドマ）の法則

サービススタッフは、お客さまの立場に立って接客することが求められます。では、お客さまの立場に立つとは、具体的にどういうことでしょうか？ お客さまは買い物するときに、どのようなことを考えながら商品・サービスを購入するのでしょうか。それを理解するときに役立つのが AIDMA（アイドマ）の法則です。

AIDMA とは、次の英単語の頭文字を並べたものです。

Attention（注意）・**Interest**（関心）・**Desire**（欲求）・**Memory**（記憶）・
Action（行動）

これは、お客さまが商品サービスを知り、購入するまでのプロセス（過程）を表したものです。例えば、書店で参考書を買うときの例を見てみましょう。

Attention（注意）：書店の参考書コーナーで本を探す。
Interest（関心）：興味を引いたものをパラパラとめくってみる。
Desire（欲求）：イラストが多くて分かりやすいので、欲しいと思う。
Memory（記憶）：欲しいという欲求が記憶に残る（欲求が強いほど強く記憶に残り、そのときは買わなくても、後日書店やインターネットで見かけたときに記憶が呼び起こされる）。
Action（行動）：購入する。

このように段階に分けて考えることで、「お客さまは今何を考えているのか」「どのようにするのが効果的か」ということを考えやすくなります。例えば、書店でお客さまの注意（Attention）を引くためにはどうしたらよいか？ おすすめの本の表紙や背表紙が見えやすいように配置したり、ポップをつけたりしてはどうか？ ということになるのです。

みなさんも、この AIDMA の法則を使って、お客さまの立場に立ったサービスを心がけてみましょう。

第3章

一般知識

サービススタッフである前に、
社会人として節度ある行動をし、
周囲の人とコミュニケーションをとるためには、
一般常識や基本的なマナーを身につけておく
必要があります。
一般知識があってこそ、
一人前のお客さま対応が可能になり、
質のよいサービスを提供することが可能になります。
一般常識やよく使われることわざや慣用句を覚えましょう。

理解したら
check!

- ☑ 覚えておきたいことわざ
- ☑ 覚えておきたい慣用句
- ☑ 特殊な呼び方・名称
- ☑ 物の数え方
- ☑ カタカナ用語
- ☑ 国際用語略語

※実際の試験では、用語に関する問題として、「専門知識」(本書第2章)
　の問題が「一般知識」の分野で出題されることがあります。

ことわざ・慣用句

- 質のよいサービスのためには**社会常識**が必要。
- ことわざや慣用句は、お客さまとの**コミュニケーション**を円滑にする**ツール**のひとつ。

[言葉の意味は？] 青果店店主と買い物に来たお客さまが話をしている

Check! a それは<u>目に余る</u>なぁ。

Check! b <u>顔を合わせて</u>、

Check! c <u>腹を割って話した</u>ほうがいいんじゃないか？

そうよね？

Check! 用語の意味を答えてみよう

☑ **a 目に余る**：黙って見ていられないこと。

☑ **b 顔を合わせて**：会うこと。顔を向き合わせること。

☑ **c 腹を割って話す**：包み隠さず話すこと。

覚えておきたいことわざ

▲サービス業の場面で使われることわざ

ことわざには、昔から人々がさまざまな体験をするなかで得た教訓や戒めが含まれています。商いに関する知恵や対処の仕方を教え示すものもあり、知っておけば役立ちます。

☑ 商いは門門	客をよく見て、その人にあった商品を売るのが商売のコツということ。
☑ 商いは牛の涎	牛の涎が絶え間なく続くように、商いは辛抱強く、気長い努力が必要だということ。
☑ 商人と屏風は曲がらねば世に立たず	屏風は折り曲げないと立たないように、商人は、折れて客の話を聞き入れないと商売がうまくいかないという例え。
☑ 値を二つにせず	買い手を見て値段を上下させるような、ずるい商売をしないということ。
☑ 甘い汁を吸う	他人を利用して、自分は苦労をせずに、利益だけを自分のものにすること。
☑ 石の上にも三年	辛くても我慢して続ければ、報われる時が来るということ。
☑ 一銭を笑う者は一銭に泣く	わずかな金額であっても、お金を粗末にしてはいけないということ。
☑ 一攫千金	大金を一度に、しかもたやすく自分のものにすること。
☑ 魚心あれば水心	好意を持って接すれば、相手も好意を持って接してくれるという例え。
☑ 海老で鯛を釣る	わずかな労力で多くの利益を得ることの例え。
☑ 漁夫の利	当事者が争っているすきに、第三者が利益を得ること。

☑ 腐っても鯛	価値のあるものは、多少傷んでもそれなりの値打ちを保っているということ。
☑ 紺屋の白袴 （こうや）（しろばかま）	染物屋が自分の袴を染めるひまがなく白い袴をはいているように、他人のことで忙しく、自分のことがおろそかになること。
☑ 急いては事を （せ） し損じる	急ぐとかえって失敗に終わる。急いでいるときこそ、落ち着いて行動するべきという例え。
☑ 出る杭は打たれる （くい）	出過ぎた振る舞いをすると、目立って周囲から非難されるということ。
☑ 捕らぬ狸の皮算用	まだ結果が出ないうちから、もうけたつもりで計算をすること。
☑ 情けは人のため ならず	人に親切にすれば、やがてはよい報いとなって自分に返ってくるということ。
☑ ぬれ手で粟 （あわ）	苦労もしないで大きな利益を得ること。
☑ 盆過ぎての 鯖商い （さば）	盆に鯖の需要があった江戸時代、盆を過ぎると鯖が売れなくなったことから、売る時機を失うことの例え。
☑ 見る目かぐ鼻	世間の人は他人のことを注意深く見ているということ。
☑ 目は口ほどに物を 言う	目は口で話すのと同じくらい、気持を相手に伝える。
☑ もちはもち屋	専門的なことは、専門家にまかせるのがよいという例え。
☑ 物も言いようで 角が立つ	話し方によって、相手に嫌な思いをさせることがある。言葉遣いには十分気をつけなくてはいけないということ。
☑ 門前市を成す	門前に人が集まるように、多くの客が出入りしにぎわうこと。
☑ 礼も過ぎれば 無礼になる	丁寧すぎるとかえって相手に失礼になるということ。「過ぎたるはなお及ばざるがごとし」と同義。

覚えておきたい慣用句

🔺 体の一部を用いた慣用句

慣用的に使われる言い回しには、「顔」「手」「足」など、体の名称を使ったものが多くあります。慣用句は、サービスを行う上での教訓となるとともに、会話を潤したりするのに役立ちます。

頭	☐ 頭が下がる	感心し、尊敬の気持ちが起こること。
	☐ 頭が上がらない	対等な立場に立てず、かなわないこと。
顔	☐ 顔色を見る	表情を見て相手の機嫌を探る。「顔色をうかがう」も同義。
	☐ 顔が売れる	広く世間に知られる。有名になる。
	☐ 顔が立つ	世間に対して面目が保たれる。
	☐ 顔から火が出る	恥ずかしくて顔が真っ赤になる。
	☐ 顔に泥を塗る	面目を失わせる。恥をかかせる。「顔をつぶす」も同義。
	☐ 顔向けができない	人に顔を合わせることができないほど恥じ入る様子。
	☐ 顔を合わせる	会うこと。顔を向き合わせること。
	☐ 顔を貸す	頼まれて人に会ったり、人前に出たりすること。
	☐ 顔をそろえる	集まるべき人が全員集まる。
目	☐ 一目置く	自分より優れていることを認めて、一歩を譲る。
	☐ 目が利く	本物か偽物か、いい物か悪い物かなどの区別がつく。
	☐ 目が高い	よい悪いを見分ける力が優れている。
	☐ 目が回る	非常に忙しい様子。
	☐ 目からうろこが落ちる	何かがきっかけになって真実が理解できる。
	☐ 目くじらを立てる	他人の欠点を取り立てて非難する。
	☐ 目に余る	ひどすぎて黙って見ていられないこと。
	☐ 目の色を変える	驚いたり、怒ったりすることで目つきが変わること。
	☐ 目も当てられない	あまりにもひどい状態で、まともに見ていられない。
	☐ 目をかける	ひいきにする。かわいがって、面倒を見る。

口	☑ 開いた口が塞がらない	呆れ果て、茫然とするさま。
	☑ 口裏を合わせる	お互いの話の内容が食い違わないようにする。
	☑ 口がうまい	ものの言い方が上手であること。
	☑ 口が重い	口数が少なく、あまりものをしゃべらないこと。
	☑ 口が腐っても言わない	秘密などを言わないという決意が強いこと。
	☑ 口が肥える	食べ物のおいしい、まずいが分かるようになる。
	☑ 口が過ぎる	言うべきではないことまで言うこと。
	☑ 口がすべる	言ってはいけないことをうっかりしゃべってしまうこと。
	☑ 口が減らない	口が達者で、理屈を並べて言い返す様子。
	☑ 口車に乗せる	言葉たくみに言いくるめて、相手をだます。
	☑ 口添えをする	交渉や依頼がうまくいくように、助言などで助けること。
	☑ 口の端にのぼる	話題にのぼる。うわさになる。「口にのぼる」も同義。
	☑ 口を利く	両者の間に立って関係がうまくいくように取り計らう。
	☑ 口を切る	複数人の中で最初に発言すること。
	☑ 口をそろえる	みんなが同じことを言うこと。
	☑ 口をぬぐう	悪いことをしていながら、知らぬふりをすること。
	☑ 口をはさむ	他人同士の話や相手の話の途中に割り込んで何かを言う。
	☑ 口を封じる	都合の悪いことなどを相手に言わせないようにする。
	☑ 口を割る	隠していたことを話すこと。

丸暗記ではなく
一つひとつ使い方を
イメージして
覚えてみよう！

鼻	☐ 木で鼻をくくる	ひどく無愛想な振る舞いのこと。
	☐ 鼻息が荒い	意気込んで、強気な様子。
	☐ 鼻が利く	敏感で、物を見つけ出すことなどに巧みであること。
	☐ 鼻が高い	誇らしくて、得意に思うこと。
	☐ 鼻が曲がる	悪臭があまりにひどいさま。
	☐ 鼻っ柱が強い	負けん気が強く、人の言いなりにならないこと。
	☐ 鼻であしらう	相手を軽く見て、冷淡な応対をする。
	☐ 鼻で笑う	相手を軽蔑するように笑う。
	☐ 鼻にかける	自慢すること。
	☐ 鼻につく	飽きて嫌になること。
	☐ 鼻持ちならない	見聞きするのも不愉快な様子。
	☐ 鼻を明かす	相手を出し抜いて、あっと言わせること。
	☐ 鼻を折る	得意がっている者をへこませて、恥をかかせること。 「鼻をくじく」も同義。
眉	☐ 眉に唾を塗る	だまされないように十分に用心すること。 「眉に唾を付ける」も同義。
	☐ 眉一つ動かさない	全く表情を変えないこと。
	☐ 眉を曇らす	心配そうな顔つきをする。
	☐ 眉を吊り上げる	おこった表情をする。眉を上げる。
	☐ 眉をひそめる	他人のよくない行動を見て、顔をしかめること。 「眉根を寄せる」も同義。
耳	☐ 耳が痛い	的確な注意をされ、聞くのがつらい様子。
	☑ 耳に入れる	聞かせる。知らせる。耳にする。あることを偶然に聞く。
	☑ 耳にたこができる	同じことを何度も聞かされて嫌になること。
	☑ 耳につく	音や声などが耳にとまって、気になる。
	☐ 耳にはさむ	ちらっと聞く。
	☐ 耳を疑う	思いがけないことを聞き、すぐには信じられないこと。
	☐ 耳をそろえる	金額を不足なく全部そろえる。

頬	☑ 頬が緩む	うれしくて、口元が緩む。
	☑ 頬を膨らます	不平・不満の感情を表情に出す。
唇	☑ 唇を返す	悪口を言うこと。「唇を翻す」も同義。
	☑ 唇をかむ	くやしさをこらえる様子。
歯	☑ 歯が浮くような	キザで軽薄な言動に接して、不快になる。
	☑ 歯が立たない	相手が強すぎてとてもかなわない。
	☑ 歯がゆい	思いどおりにならず、もどかしい思い。
	☑ 歯に衣着せぬ	相手を気にせず思ったまま言う。
舌	☑ 舌が回る	べらべらと、よどみなくしゃべる。
	☑ 舌先三寸	口先だけでうまく相手をあしらうこと。
	☑ 舌つづみを打つ	食べ物がおいしいことを表す様子。
	☑ 舌の根も乾かぬうちに	言った言葉が終わって間もないうちに、という意味。
	☑ 舌が肥える	味の良し悪しが分かる。美味なものを好むさま。
	☑ 舌を出す	かげで人をばかにしたり、あざ笑ったりする。
	☑ 舌を巻く	あまりの見事さにとても感心する。
	☑ 舌がもつれる	うまく舌が回らず、思い通りにしゃべることができないさま。
肩	☑ 肩が軽くなる	重い責任や負担から解放されて気が楽になる。 「肩の荷が下りる」も同義。
	☑ 肩すかしを食う	相手にうまくそらされて、意気込んでやったことが無駄になる。
	☑ 肩で息をする	苦しそうに肩を上下に動かして呼吸する。
	☑ 肩で風を切る	わが物顔で得意な様子で歩くこと。
	☑ 肩ひじ張る	気負って何かをしたりする様子。
	☑ 肩身が狭い	世間に対して引け目を感じている様子。
	☑ 肩を入れる	本気になって助力や後援をする。
	☑ 肩を落とす	ひどく落胆したり気力を失ったりする様子。
	☑ 肩を貸す	目的達成のために応援したり協力したりする。
	☑ 肩を並べる	同じような勢いや力をもって張りあう。
	☑ 肩を持つ	対立しているものの一方の味方をする。ひいきをする。

首	☐ 首がとぶ	職を失うこと。
	☑ 首が回らない	借金などで支払うべき金が多くてやりくりがつかないこと。
	☐ 首を突っ込む	興味をもって、そのことに関係する。
	☑ 首を長くする	今か今かと期待しながら待つこと。
	☐ 首をひねる	疑問を持つこと。理解できずに考えこむ。
腕	☑ 腕が上がる	技術や実力がつく。上手になる。
	☐ 腕が利く	何かに優れた技術を発揮することができる。
	☑ 腕が立つ	技芸に優れた腕前を示す。
	☐ 腕が鳴る	腕前を見せたくてはりきっている。
	☑ 腕によりをかける	持っている能力を十分に発揮して事に当たる。
	☐ 腕をこまねく	自分は何もせずに、そばで様子を見ている。
	☑ 腕をふるう	腕前を十分にあらわす。
指	☑ 指をくわえる	うらやましくても、何もできず、ただ眺めていること。
	☐ 指を染める	物事をやりはじめる。着手する。
爪	☐ 爪で拾って箕で零す	こつこつと苦労して蓄えたものを、一度に使い果たすことの例え。
	☑ 爪に火をともす	極端な倹約ぶりを例えていう言葉。
	☐ 爪を隠す	才能を表面に出さない。
	☑ 爪を研ぐ	野心を抱いて待ち構える。

体の一部を使った
慣用句には、
「お金」や「仕事」に
まつわるものが
たくさんあるね。

手	□ 手足となる	人の指示・命令に従い、労を惜しまずに働く。
	□ 手がかかる	世話が焼けること。
	□ 手が切れる	関係がなくなること。
	□ 手が込む	細かいところまで手間をかけ、念入りにやってある様子。
	□ 手がつけられない	あまりにもひどい状態で、扱いかねる。方法がない。
	□ 手が出ない	値段が高すぎて、とても買えない。
	□ 手が離せない	仕事の途中で、中断するわけにはいかない状態にある様子。
	□ 手が早い	物事をするのに、さっさとする。
	□ 手が回らない	注意が行き届かない。
	□ 手心を加える	指導など、あまり厳しくしないこと。手かげんをする。
	□ 手塩にかける	自らいろいろ世話をして、立派に育て上げる。
	□ 手に余る	自分の力を超えていること。「手に負えない」も同意。
	□ 手につかない	ほかに心を奪われ、落ち着いて物事を行うことができない。
	□ 手も足も出ない	力不足、能力不足でどうすることもできない。
	□ 手をうつ	対策を立てる。話をまとめる。
	□ 手を替え品を替え	さまざまな方法を試みるさま。
	□ 手を切る	相手との関係を絶つ。
	□ 手を染める	関係をもち始める。
	□ 手を抜く	仕事などを熱心にやらずにいい加減にやること。
	□ 手を回す	次の事柄の先を考え、適切な処置をとること。
	□ 手を焼く	扱い方に困ること。

「仕事の手が早く、
質がいい」って
言われるようになろう！

尻	☑ 尻馬に乗る	他人のすることに同調したり、調子にのってまねたりすること。
	☐ 尻が青い	何事につけても経験が乏しい様子。
	☐ 尻が重い	何かをしようと思っても、ついめんどうですぐに行動に移せない様子。
	☐ 尻が長い	話が長くてなかなか帰らない客のこと。
	☐ 尻に敷く	相手を軽んじて、自分勝手に振る舞うこと。
	☐ 尻に火がつく	事や締切りなどが迫って、追い詰められた状態になること。
	☐ 尻拭いをする	他人のした不始末の処理をする。
	☐ 尻をたたく	励ましたり催促したりすること。
	☐ 尻をまくる	態度を急に変えてけんか腰になる。
腹	☐ 腹が黒い	心の中でよくないことばかり考えている様子。
	☑ 腹がすわる	いざという時の覚悟ができて、物事に動じなくなる。
	☑ 腹に据えかねる	怒りをおさえることができない。
	☑ 腹の虫が治まらない	ひどく腹が立って、どうにもがまんできない。
	☐ 腹を抱える	おかしくて笑い転げる。
	☐ 腹を決める	こうするしかないとかたく決心する。
	☐ 腹を探る	それとなく相手の意中をうかがう。
	☑ 腹を据える	覚悟を決める。決心する。
	☐ 腹を割って話す	本心を包み隠さず話すこと。
	☐ 腹に一物（いちもつ）	心中に何かたくらみを隠し持っていること。
	☐ 自腹を切る	必ずしも自分が払う必要のない金を自分の金で支払うこと。
臍	☑ 臍（へそ）で茶を沸かす	おかしくてたまらない様子。
	☐ 臍を曲げる	機嫌が悪くなって、意固地になる。
	☑ 臍（ほぞ）を固める	かたい決意をすること。
膝	☑ 膝が笑う	歩き疲れて、膝が小刻みに震え、力が入らなくなる。
	☑ 膝を折る	屈服すること。
	☐ 膝を正す	きちんと正座をして座ること。
	☐ 膝をまじえる	親しく打ち解けて話をする。

足	☑ 揚げ足を取る	人の言葉尻やちょっとした失敗を取り上げて、相手を責める。
	☑ 足が重い	行かなければならないのに、なかなか気が進まない様子。
	☑ 足が地につかない	気持ちが落ち着かず、行動にしっかりした落ち着きの見られない様子。
	☑ 足がつく	逃げた者の足取りが分かる。
	☑ 足が出る	予算がオーバーし、予定していた金が足りなくなる。
	☑ 足が遠のく	いままではよく行っていたのに、長い間訪問しなかったりすること。
	☑ 足が早い	食べ物が腐りやすいこと。
	☑ 足が棒になる	長く立ち続けたり歩き続けたりして足の筋肉がこわばること。
	☑ 足が向く	いつのまにか、ある方向に歩き始めていること。
	☑ 足並みがそろう	一つの目的のために集まった人たちの行動や考えが一致すること。
	☑ 足踏みをする	物事が先に進まずに、同じ状態が続くこと。
	☑ 足元にも及ばない	相手がすぐれていて、とてもかなわない。
	☑ 足下を見る	相手の弱みにつけこむ。
	☑ 足を洗う	今までの悪いことやだらしない生活をきっぱりとやめること。
	☑ 足を延ばす	予定していた所よりさらに遠くまで行く。
	☑ 足を運ぶ	何かの目的で、わざわざそこまで出かける。
	☑ 足を引っ張る	他人の成功や出世の邪魔をする。
	☑ 足を向けて寝られない	恩を受けた人に対する感謝の気持ちを表す言葉。
	☑ 二の足を踏む	決断がつかず実行をためらう。しりごみする。

食べ物が腐りやすいことを
「足が早い」っていうんだね。
例えば、魚には足がないけど、
「足が早い」！

「気」を使った慣用句も
たくさんあるね。
気持ちの動きや気分を
表すものが多いね。

気		
	☐ 気が合う	考え方や感じ方が通じ合う。
	☐ 気がある	興味や関心がある。
	☐ 気がいい(気立てがいい)	人がいい。人の性格のよい様。
	☐ 気が移る	関心が他のことに移る。気持ちが変わる。
	☐ 気が多い	心が定まらず、関心や興味がいろいろに変わる。
	☐ 気が大きい	小さなことを気にしない。度量が大きい。
	☐ 気が置けない	遠慮したり気をつかったりする必要がなく、心から打ち解けることができる。
	☐ 気が重い	物事をするのに気が進まないこと。
	☐ 気が利く	細かいところにまで注意が及ぶ。
	☐ 気が気でない	気がかりで落ち着かない。
	☐ 気が差す	うしろめたい気持ちがする。気がとがめる。
	☐ 気が知れない	相手が何を考えているのかわからない。
	☐ 気が進まない	進んでしようとは思わない。気乗りがしない。
	☐ 気が済む	気持ちがおさまる。満足する。
	☐ 気が急く	早くしようと気持ちがはやる。気があせる。
	☐ 気がそがれる	何かをしようという気持がくじかれる。
	☐ 気が立つ	心がいらだつ。興奮する。
	☐ 気が小さい	小さなことを気にする。度量が小さい。また、小心である。
	☐ 気が散る	一つの事に気持ちが集中できない。
	☐ 気が遠くなる	意識がなくなること。正気を失う。

ことわざ・慣用句

○か×で答えながら、p.84〜95の内容を確実に覚えましょう。
正解したら◻にチェックを入れましょう。

問題	解答・解説
Q1 「情けは人のためならず」とは、同情は人のためにならないという意味。	**A ×** 人に親切にすれば、やがてはよい報いとなって自分に返ってくるということ。
Q2 「礼も過ぎれば無礼になる」は「過ぎたるはなお及ばざるがごとし」と同じ意味を持つ。	**A ○** どちらも、程度をわきまえるのが大事という意味。
Q3 「鼻を折る」「鼻をくじく」は同じような意味を持ち、相手にけがさせることをいう。	**A ×** 得意がっている者をへこませて、恥をかかせることをいう。
Q4 「顔色を見る」は、相手の表情を見て様子をうかがい、機嫌を探ることをいう。	**A ○** 同じ意味で「顔色をうかがう」も使われる。
Q5 「気が多い」は、小さなことを気にせず度量が大きいことをいう。	**A ×** 「気が多い」は関心や興味がいろいろ変わることをいう。「度量が大きい」は「気が大きい」。
Q6 「歯に衣着せぬ」は、相手の感情などを考えず、自分の思ったままに言うこと。	**A ○** 「歯に衣着せぬ物言い」「歯に衣着せずに物を言う」というような使い方をする。
Q7 「臍で茶を沸かす」は、おかしくてたまらない様子のこと。	**A ○** 臍でお茶をわかすことなどできないことから、ばかばかしく、おかしいことを例えている。
Q8 「手に余る」は、ほかに心を奪われ、落ち着いて物事を行うことができないことをいう。	**A ×** 「手に余る」は自分の能力を超え、その処置ができないこと。「手に負えない」も同意。

問題	解答・解説
☑ **Q9** ☑ ☑ 「鯛」は価値のある魚で、「海老で鯛を釣る」、「腐っても鯛」などの例えに用いられる。	**A** ○ 鯛は「めでたい」ということから、日本では高級魚とされる。
☑ **Q10** ☑ ☑ 「ぬれ手で粟」は、苦労もしないで大きな利益を得ることをいう。	**A** ○ ぬれた手で粟をつかむと、粟がたくさんついてくることから。
☑ **Q11** ☑ ☑ 「捕らぬ狸の皮算用」は、まだ手に入るかどうかわからないうちから、もうけたつもりで計算をするという意味。	**A** ○ 結果が出る前から期待をし、あれこれと計画を立てること。
☑ **Q12** ☑ ☑ 「耳をそろえる」とは、同じように聞くという意味である。	**A** ✕ 返済するお金を全部そろえることで「耳をそろえて返す」というような使い方をする。
☑ **Q13** ☑ ☑ 「舌を出す」は、心の中で人をばかにしたり、あざ笑ったりすることを言う。	**A** ○ 「笑顔の裏で舌を出す」というように使う。
☑ **Q14** ☑ ☑ 「頬が緩む」はうれしいこと、「頬を膨らます」は不満な気持ちを表す。	**A** ○ 実際にその気持ちのときにする表情を例えとして用いている。
☑ **Q15** ☑ ☑ 「手塩にかける」は、苦労して立派に育て上げることをいう。	**A** ○ 「手塩にかけた子」「手塩にかけた盆栽」というような使い方をする。
☑ **Q16** ☑ ☑ 親しく打ち解けて話をすることを「腹をまじえる」という。	**A** ✕ 正しくは「膝をまじえる」。親しく膝を近づけて座り話す様子を例えている。

特殊な呼び方・名称・数え方

Point
・食べ物に関する伝統的な呼び方、名称、物の数え方などを覚えておく。
・ここにあるものを手がかりに語彙を増やす。

言葉の意味は？ 取引先、会社の上司とともに日本料理店で会食している

迷い箸はやめなさい。 Check! a

水菓子を
お持ちしました。 Check! b

Check! c

秋はやっぱり
秋刀魚だねぇ〜。

Check! 用語の意味や読み方を確認してみよう

☑ **a 迷い箸**：箸を持ち、料理の上でどれを取ろうか迷うこと。

☑ **b 水菓子**：果物のこと。最近ではようかんなどを含む。

☑ **c 秋刀魚**：「さんま」と読む。

人生の節目の祝い事

▲長寿のお祝い賀寿

長寿を祝うことを「賀寿」といいます。年齢ごとの名称を覚えましょう。

☑還暦	60 歳	☑古稀	70 歳	☑喜寿	77 歳
☑傘寿	80 歳	☑米寿	88 歳	☑卒寿	90 歳
☑白寿	99 歳				

▲結婚記念日

結婚何年目かによって、呼び方が変わります。

☑錫婚式	結婚 10 年目	☑銀婚式	結婚 25 年目
☑真珠婚式	結婚 30 年目	☑金婚式	結婚 50 年目

伝統的な呼び方

▲独特な言い回し

特に飲食店などのサービス業では、料理や物について伝統的な呼び方を
したり、独特な読み方をしたりするものがあります。よく出題される範囲な
ので、覚えておきましょう。

☑上がり	お茶のこと	☑お愛想	勘定のこと
☑桜桃	サクランボのこと	☑お手元	箸のこと
☑お開き	宴会の終わりのこと	☑黒文字	つまようじのこと
☑香の物	漬け物のこと	☑波の花	塩のこと
☑はじかみ	ショウガのこと	☑紫	しょうゆのこと

食べ物に関する名称

▲日本料理の種類

日本料理にもいろいろと種類があります。確認しておきましょう。

☑ 精進料理 （しょうじん）	肉や魚を使わない料理。一般に仏事の際に出される。
☑ 会席料理 （かいせき）	会食などで、客ごとに膳に載せて出される日本料理。
☑ 懐石料理 （かいせき）	一品ずつ客に出す日本料理。茶事で出されることが多い。
☑ 普茶料理 （ふちゃ）	中国から伝わった精進料理。
☑ 本膳料理 （ほんぜん）	膳に載せて出される日本料理の原型とされる料理。

▲菓子の種類

一般的によく使われるものもあります。確実に覚えましょう。

☑ 生菓子	水分を多く含み、長もちしない菓子の総称。もち菓子、蒸し菓子など。
☑ もち菓子	大福、草もち、かしわもちなど。
☑ 蒸し菓子	まんじゅう、蒸しようかんなど。
☑ 練菓子	ようかん、ういろうなど。
☑ 干菓子 （ひ）	生菓子に対し水分の少ない菓子の総称。せんべい、らくがんなど。
☑ 水菓子	果物のこと。最近はようかんなども含む。
☑ 氷菓子	アイスキャンディー、シャーベットなど。
☑ 洋菓子	ケーキ、ビスケット、シュークリームなど。

🔺おせち料理

正月の料理は縁起をかついで決まったものを食べる風習があります。

☐ 雑煮	新年の祝い膳のひとつ。もともとは、神棚に供えたもちなどを下げていただく。
☑ 黒豆	「まめに働けるように」という願いを込めて食べる。
☐ 数の子	たくさんの卵が集まっていることから、子孫の繁栄を願って食べる。
☐ 蓮根	穴があいていることから「将来が見通せるように」という願いを込めて食べる。
☐ 海老	海老のように腰が曲がるまで長生きできるようにと、長寿を願って食べる。
☐ 慈姑	芽が出ていることから「"目"が出るように」という願いを込めて食べる。

🔺日本酒に関する名称

飲食店、宴会の場などでよく使われます。

☐ 猪口	酒を飲むための小さい器。杯のこと。
☐ 徳利	酒を入れるための器。「銚子」とも呼ばれる。
☐ 袴	徳利を置く器のこと。

🔺嫌い箸

やってはいけない箸の使い方です。

☐ 迷い箸	箸を持ち、料理の上でどれを取ろうかあれこれ迷うこと。
☑ ねぶり箸	箸の先をなめること。
☐ にぎり箸	箸をにぎりしめて持つ持ち方。
☐ さし箸	料理に箸をつき刺して食べること。
☑ たて箸	ごはんに箸をつき刺して立てること。

読み方が難しい名称など

魚介類の読み方

漢字の読み方を覚えましょう。

鯵	あじ	鮎	あゆ	鮑	あわび
烏賊	いか	海老	えび	牡蠣	かき
鰹	かつお	蟹	かに	鮭	さけ
鯖	さば	鰆	さわら	秋刀魚	さんま
鯛	たい	鱈	たら	蛸	たこ
河豚	ふぐ	蛤	はまぐり	鰤	ぶり
鮪	まぐろ				

野菜・果物・その他の食べ物の読み方

青果店やスーパーマーケット、飲食店のメニューなどで目にしますね。読めるようにしておきましょう。

無花果	いちじく	麩	ふ	蒲鉾	かまぼこ
銀杏	ぎんなん	胡椒	こしょう	蒟蒻	こんにゃく
胡瓜	きゅうり	椎茸	しいたけ	生姜	しょうが
西瓜	すいか	筍	たけのこ	茄子	なす
南瓜	かぼちゃ	蜜柑	みかん	柚子	ゆず

花や草木の読み方

どれも身近なものばかりです。確実に読めるようにしましょう。

紫陽花	あじさい	銀杏/公孫樹	いちょう	楓	かえで
欅	けやき	辛夷	こぶし	山茶花	さざんか
菫	すみれ	蒲公英	たんぽぽ	薔薇	ばら
彼岸花	ひがんばな	檜	ひのき	向日葵	ひまわり

物の数え方

▲食べ物や物の数え方の単位

なんでも「1個」「2個」ではなく、きちんと使い分けることで、自分自身や勤め先のイメージアップにつながります。

菓子	☑ もち菓子・ケーキ	個	☑ まんじゅう	個・団_{だん}
	☑ ようかん	本・棹_{さお}	☑ ビスケット・クッキー	枚
野菜・果物	☑ 茄子・胡瓜	本	☑ 南瓜・西瓜	玉_{たま}
	☑ 葡萄	房_{ふさ}	☑ 蜜柑	個
魚・魚介	☑ 鯛・平目	枚	☑ 鮪	匹・本
	☑ 秋刀魚・鮭・河豚・海老	匹・尾_び	☑ 烏賊・蚫・蟹	杯_{はい}
	☑ 蛤	枚・個		
めん類	☑ 饂飩_{うどん}	玉	☑ 素麺_{そうめん}	把・束_{わ・たば}
	☑ ざる蕎麦_{そば}	枚		
飲食関係	☑ 箸	膳	☑ お茶	服
衣類	☑ スーツ・スカート	着	☑ シャツ	枚
	☑ 靴・靴下（左右で）	足_{そく}	☑ 手袋（左右で）	組
家具など	☑ 椅子・テーブル	脚_{きゃく}	☑ ベッド	台
	☑ たんす	棹_{さお}	☑ 本棚	架_か

お金に関する名称

▲お金の名称と意味

お金についてもいろいろな慣用句があります。

☐ 目くされ金_{がね}	わずかな金銭。
☐ たばこ銭	たばこを買うくらいのわずかなお金のこと。
☐ あぶく銭	まじめに働かずに得たお金のこと。
☐ はした金_{がね}	ある額に達しない半端なお金。わずかな金銭。
☐ 涙金_{なみだきん}	同情して与えるわずかなお金。

特殊な呼び方・名称・数え方

○か×で答えましょう。正解したら☑にチェックを入れましょう。

問題	解答・解説
Q1 ☑☑☑ 西瓜は「かぼちゃ」、南瓜は「すいか」、胡瓜は「なす」と読む。	**A** × 西瓜は「すいか」、南瓜は「かぼちゃ」、胡瓜は「きゅうり」と読む。
Q2 ☑☑☑ 飲食店で「上がり」といえば、宴会の終わりのことをさす。	**A** × 「上がり」はお茶のこと。宴会の終わりのことは「お開き」という。
Q3 ☑☑☑ 「精進料理」は、肉や魚を使わない料理のことをいう。	**A** ○ 殺生を戒める仏教に由来し、肉や魚を使わず、穀物や野菜など植物性の材料で作る。
Q4 ☑☑☑ 塩のことを「波の花」、しょうゆのことを「紫」ということがある。	**A** ○ 飲食店などで用いられる伝統的な呼び方。
Q5 ☑☑☑ ビスケットは、お菓子の種類でいうと「干菓子」に含まれる。	**A** × ビスケットは「洋菓子」。「干菓子」は、せんべいやらくがんのこと。
Q6 ☑☑☑ 烏賊は「えび」、蛸は「するめ」と読む。	**A** × 正しくは、烏賊は「いか」、蛸は「たこ」と読む。魚介類の呼び方は確実に覚えておく。
Q7 ☑☑☑ 「辛夷」は花の名前で、「こぶし」と読む。	**A** ○ モクレン科の落葉高木のコブシのことで、「しんい」とも読む。
Q8 ☑☑☑ 日本酒を入れるための器を「徳利」といい、酒を飲む杯のことを「猪口」という。	**A** ○ 徳利は「とっくり」、猪口は「ちょこ」と読む。飲食店などで使われることが多い。

104

問題	解答・解説
☑ **Q9** ☑ 結婚10年目の記念日を「錫婚式」という。 ☑	**A** ○ 結婚25年目の「銀婚式」、30年目の「真珠婚式」、50年目の「金婚式」とセットで覚える。
☑ **Q10** ☑ 「会席料理」は、茶事で出されることが多い、一品ずつ客に出す日本料理のこと。 ☑	**A** ✕ 「会席料理」は、会食などで一人ずつ膳に載せて出される日本料理のこと。これは「懐石料理」の説明。
☑ **Q11** ☑ 飲食店などで、つまようじのことを「茶文字」と呼ぶことがある。 ☑	**A** ✕ 正しくは「黒文字」。クスノキ科のクロモジという木を材料に使ったことからこう呼ばれる。
☑ **Q12** ☑ おせち料理で、数の子は子孫繁栄を願って食べられる。 ☑	**A** ○ 正月には決まったものを食べる風習があるが、それぞれに縁起をかついだ意味がある。
☑ **Q13** ☑ 鯵は「あじ」、鰆は「さわら」、鮪は「ぶり」という読み方の組み合わせで正しい。 ☑	**A** ✕ 鯖は「さば」、鮪は「まぐろ」と読むのが正しい。
☑ **Q14** ☑ 88歳の長寿を祝うことを「喜寿」という。 ☑	**A** ✕ 八十八を組み合わせると「米」になることから「米寿」という。「喜寿」は77歳の祝い。
☑ **Q15** ☑ 「銀杏」は、「イチョウ」と読み、また「ギンナン」と読むこともある。 ☑	**A** ○ 木の名称としては「イチョウ」、イチョウの種子をさすときは「ギンナン」という。
☑ **Q16** ☑ ゆでる前の素麺の束は、「1本」「2本」……と数える。 ☑	**A** ✕ 「1把」「2把」……、または「1束」「2束」と数える。

カタカナ用語・国際用語略語

Point
・「時事」とは**今の社会で起こっている出来事**のこと。
・カタカナ用語や時事用語を理解することで**社会人として必要な知識**を身につけましょう。

言葉の意味は？ 会社で部長が部下と予算について話している

イニシャルコストは
もっと減らしたほうが
いいだろう。

Check!
a

やや**コストパフォーマンス**
が悪いなあ。

Check!
b

クライアントに
もう一度相談しよう。

Check!
c

Check! 用語の意味を答えてみよう

☑ **a イニシャルコスト**：初期投資費用

☑ **b コストパフォーマンス**：費用対効果

☑ **c クライアント**：顧客、依頼人

覚えておきたいカタカナ用語

　左のイラストの状況のように、会話中の用語が理解できないと、指示に従い行動に移すこともできません。お客さまをはじめ周囲の人とのコミュニケーションを円滑にするためにも、よく使われる用語を覚えておきましょう。

▲サービス、経営などにかかわるカタカナ用語

□ アセスメント	評価、査定　「環境——」
□ アポイントメント	予約、約束　「アポイント」「アポ」とも　「——をとる」
□ アメニティー	居心地のよさ、生活を楽しくするもの　「——が充実している」
□ イニシャルコスト	初期投資費用　「——を減らす」
□ イノベーション	技術革新　「——の実現」
□ インフラ	社会に必要な基本的な施設、設備　「——整備」
□ エンドユーザー	最終消費者　「開発者と——」
□ クライアント	顧客、依頼人　「——に連絡する」
□ コストパフォーマンス	費用対効果　「——がよい」
□ コミッション	委託、委託料　「十分な——を得る」
□ コンシューマー	消費者　「——サービス」
□ コンプライアンス	法令遵守　「企業——」
□ サプライ	供給、配給　「マネー ——（通貨供給量）」
□ タイアップ	提携、協力　「地元の企業と——する」
□ パテント	特許権　「——をとる」
□ バリアフリー	生活上の障害となるものを取り除くこと　「——住宅」
□ ヘッドハンティング	人材の引き抜き　「ライバル社に——される」
□ ホスピタリティー	もてなしの心　「——を学ぶ」
□ マーケットシェア	市場占有率　「——が高い」
□ マーチャンダイジング	商品化計画　「インストア——（店内販売促進計画）」
□ マネジメント	管理、経営　「トップ——（企業の最高幹部）」
□ ユニバーサルデザイン	誰もが使いやすいデザインのこと　「——製品」

▲よく使われる外来語など

☑ アイデンティティ	独自性、自己認識 「——の確立」
☑ アウトプット	出力 「データを——する」
☑ インバウンド	外国人が国内に旅行に来ること 「——需要」
☑ インプット	入力 「コンピュータで——」
☑ ヴィーガン	完全菜食主義者 「——レストラン」
☑ キャパシティー	収容力、能力 「仕事量が多く——を超える」
☑ グローバル	地球的規模の、包括的 「——な視点をもつ」
☑ コミュニティー	地域社会、共同体 「——を形成する」
☑ コラボレーション	協力、合作 「企業と大学の——」
☑ コンセプト	基本概念 「——を明確にする」
☑ シェアリング	他の人と何かを共有して利用すること 「——サービス」
☑ ソリューション	課題解決 「——サービス」
☑ ターニングポイント	転換点 「——を迎える」
☑ パーソナリティー	個性、人格 「——を尊重する」
☑ ペナルティー	罰金、処罰 「——を課す」
☑ ボーダーレス	境界のない 「世界経済の——化が進む」
☑ モチベーション	内発的動機 「——を高くもつ」
☑ リカバリー	修復、回復、復旧 「作業の遅れを——する」
☑ レスポンス	反応、応答 「——がよい」

意味を覚えるだけでなく、
使い方も覚えて、
スッと出てくるように
しよう!

覚えておきたいビジネス・時事用語略語

　私たちが生きている社会は常に変化しています。時代に合ったサービスを提供するためには時事問題にも関心を持たなくてはなりません。一つひとつ確認しておきましょう。

●よく使われる用語、時事用語など	
☐ AI	人工知能（Artificial Intelligence）
☐ eスポーツ	ビデオゲーム等を使ったスポーツ競技（electronic sports）
☐ ICT	情報伝達技術（Information and Communication Technology）
☐ LCC	格安航空会社（Low Cost Carrier）
☐ LED	発光ダイオード（Light Emitting Diode）
☐ LGBTQ	LGBT（Lesbian,Gay,Bisexual,Transgender）に代表される性的マイノリティの総称の一つ
☐ NGO	非政府組織（Non-Governmental Organization）
☐ NPO	非営利組織（Non-Profit Organization）
●経済・企業に関連する用語	
☐ B to B	企業間取引（Business-to-Business）
☐ B to C	企業対消費者間取引（Business-to-Consumer）
☐ CEO	最高経営責任者（Chief Executive Officer）
☐ CS	顧客満足（Customer Satisfaction）
☐ FAQ	よくある質問と回答（Frequently Asked Questions）
☐ GDP	国内総生産（Gross Domestic Product）
☐ M&A	企業の合併・買収（Mergers and Acquisitions）
☐ POS	販売時点情報管理（Point Of Sales）
☐ SNS	ソーシャルネットワーキングサービス（Social Networking Service）
●国際会議・組織など	
☐ APEC	アジア太平洋経済協力（Asia Pacific Economic Cooperation）
☐ ASEAN	東南アジア諸国連合（Association of South-East Asian Nations）
☐ EU	欧州連合（European Union）
☐ FTA	自由貿易協定（Free Trade Agreement）
☐ G7	先進７カ国（Group of 7）
☐ NATO	北大西洋条約機構（North Atlantic Treaty Organization）
☐ ODA	政府開発援助（Official Development Assistance）
☐ PKO	国連平和維持活動（Peacekeeping Operations）
☐ UNESCO	国連教育科学文化機関（United Nations Educational, Scientific and Cultural Organization）
☐ TPP	環太平洋パートナーシップ（Trans-Pacific Partnership）
☐ UNICEF	国連児童基金（United Nations Children's Fund）
☐ WHO	世界保健機関（World Health Organization）
☐ WTO	世界貿易機関（World Trade Organization）

カタカナ用語・国際用語略語

○か×で答えましょう。正解したら☑にチェックを入れましょう。

問題	解答・解説
Q1 「アメニティー」とは居心地のよい状態のことをさす。	**A** ○ 環境、場所などの快適性、心地よさを表す言葉。
Q2 よくある質問と答えのことを略して「Q & A」と表記する。	**A** × よくある質問と答えは「FAQ」と表記する。Frequently Asked Questions の略称。
Q3 「マーチャンダイジング」とは市場占有率という意味である。	**A** × 正しくは「商品化計画」という意味。市場占有率を表す言葉は「マーケットシェア」。
Q4 「キャパシティー」とは収容力、能力という意味である。	**A** ○ 乗り物などの収容能力、物事を受け入れる能力・才能などに用いられる。
Q5 「CEO」とは最高経営責任者のことで、企業の役職名である。	**A** ○ アメリカ型の組織形態の企業などで用いられる。一般的に、会長や社長をさすことが多い。
Q6 「NPO」とは非営利組織のことで、さまざまな社会問題解決のために活動している。	**A** ○ NPO は企業や行政では十分に対応できない問題を解決するために活動をしている。
Q7 「LED」とは発光ダイオードのことで、照明器具などに用いられている。	**A** ○ 電気が流れると発光する。信号機やコンピューターのディスプレイなどにも使用されている。
Q8 「APEC」とは東南アジア諸国連合のことで、東南アジアの 10 カ国が加盟している。	**A** × 「APEC」は、「アジア太平洋経済協力」のことで、日本を含む 21の国と地域からなる。

問題	解答・解説
Q9 「ホスピタリティー」とは、もてなしの心の意味である。	**A** ○ 心のこもった親切なもてなしの意味で、サービス業においてよく用いられる言葉。
Q10 「コンシューマー」とは経営者、管理者という意味である。	**A** × 「コンシューマー」は消費者のことで、経営者、管理者は「エグゼクティブ」。
Q11 「POS」は Point Of Sales の略。「ポス」と読み、「販売時点情報管理」と訳される。	**A** ○ 商品の流通に用いられるシステムで、店頭での販売動向から在庫や物流管理をオンラインで行う。
Q12 「ソリューション」は課題解決という意味である。	**A** ○ 企業の問題を解決する手段や、また解決のために導入されるシステムのこと。
Q13 「コンプライアンス」とは法令遵守という意味である。	**A** ○ 企業などが法律やルール、社会規範などを守り、公平・公正に業務を行うこと。
Q14 「NGO」とは「非政府組織」と呼ばれる民間非政府団体のことである。	**A** ○ 開発、人権、環境などさまざまな組織があり、国際的な活動を行っている。
Q15 「UNESCO」は、世界の平和と安全に貢献することを目的とする国連の機関のひとつで、「国連児童基金」のこと。	**A** × 「UNESCO」は「国連教育科学文化機関」のこと。「国連児童基金」は「UNICEF」。
Q16 「WHO」とは、「世界貿易機関」のことである。	**A** × WHO は「世界保健機関」のこと。WTO が「世界貿易機関」。

第3章

一般知識 ■ ○×でチェック！

一般知識

実際の検定試験と同じ形式の「選択問題」にチャレンジしてみましょう。

---

1. 嫌い箸の名称と説明で、組み合わせが<u>不適当</u>と思われるものを一つ選びなさい。
   - (1) にぎり箸＝箸をにぎりしめて持つ持ち方。
   - (2) さし箸＝料理に箸をつき刺して食べること。
   - (3) たて箸＝ごはんに箸をつき刺して立てること。
   - (4) 迷い箸＝多く種類を用意しておく箸。
   - (5) ねぶり箸＝箸をなめること。

2. 次は用語とその意味の組み合わせである。中から<u>不適当</u>と思われるものを一つ選びなさい。
   - (1) 海老＝えび
   - (2) 蛸＝たこ
   - (3) 烏賊＝いか
   - (4) 河豚＝ふぐ
   - (5) 鰤＝かつお

3. 次は用語とその意味の組み合わせである。中から<u>不適当</u>と思われるものを一つ選びなさい。
   - (1) 足が出る＝予算をオーバーしたこと。
   - (2) 耳をそろえて返す＝借金などののこりを全額まとめて返すこと。
   - (3) 尻に火がついた＝反応がにぶいこと。
   - (4) 爪に火をともす＝倹約していること。
   - (5) 懐具合がよい＝所持金があること。

4. 次の語句の中から、直接「お金」に関係するものを一つ選びなさい。

(1) 首が回らない

(2) 首を洗って待つ

(3) 首をひねる

(4) 首を長くして待つ

(5) 首が飛ぶ

5. 次は用語とその意味の組み合わせである。中から<u>不適当</u>と思われるものを一つ選びなさい。

(1) 鼻であしらう＝相手と親しい関係であること。

(2) 耳が痛い＝的確な注意をされること。

(3) 目に余る＝黙って見ていることができないくらいひどいこと。

(4) 口が腐っても言わない＝口外しないこと。

(5) 眉をひそめる＝よくない行動を見て、顔をしかめること。

6. 次は用語とその数え方の組み合わせである。中から<u>不適当</u>と思われるものを一つ選びなさい。

(1) 海老＝尾

(2) 鮪＝本

(3) 秋刀魚＝尾

(4) 鯛＝枚

(5) 烏賊＝匹

解答・解説 -------------------------------

1. (4) 「迷い箸」は、箸を持ち、料理の上でどれを取ろうかあれこれ迷うこと。

2. (5) 「鰤」は「ぶり」と読む。「かつお」は「鰹」。

3. (3) 「尻に火がついた」は、事や締切りなどが迫って、落ち着いていられないこと。

4. (1) 「首が回らない」とは借金などで身動きがとれなくなること。

5. (1) 「鼻であしらう」は、相手を軽くみている言動のこと。

6. (5) 烏賊は「杯」と数える。そのほか、鮑、蟹も同様。鮪、秋刀魚は「匹」でもよい。

一般知識

実際の検定試験と同じ形式の「選択問題」にチャレンジしてみましょう。

2級 問題

---

1. 次は用語とその意味の組み合わせである。中から<u>不適当</u>と思われるものを一つ選びなさい。

(1) 手を焼く＝扱い方に困ること。

(2) 手を回す＝次の事柄の先を考え、気を使うこと。

(3) 手を抜く＝仕事など、熱心にしないこと。

(4) 手に余る＝自分の力で十分できるので、力が余ること。

(5) 手が切れる＝関係がなくなること。

2. 次は用語とその意味の組み合わせである。中から<u>不適当</u>と思われるものを一つ選びなさい。

(1) 鼻につく＝同じ事が続いて嫌になる。

(2) 鼻にかける＝自慢すること。

(3) 鼻を明かす＝相手を出し抜いてあっと言わせること。

(4) 鼻が利く＝わずかな事から利益になりそうなことをかぎ分ける力のこと。

(5) 鼻を突く＝鼻を刺激するよい香りのこと。

3. 次は用語とその意味の組み合わせである。中から<u>不適当</u>と思われるものを一つ選びなさい。

(1) 右肩上がり＝売上などがよくなること。

(2) 左前になる＝商売などがうまくいかなくなること。

(3) 株が上がる＝評価が上がること。

(4) 自腹を切る＝自分が払う必要のない金を払うこと。

(5) 腹を割って話す＝相手のことを考えて話すこと。

4. サービススタッフに求められるものに「親しみやすさや愛きょう」が
ある。そのような人を言い換えるとどのような言い方があるか。中か
ら<u>不適当</u>と思われるものを一つ選びなさい。

　　（1）愛想のよい人
　　（2）気軽な人
　　（3）軽薄な人
　　（4）とっつきやすい人
　　（5）気安い人

5. 次の言葉は、「少額のお金」という意味の例えである。中から<u>不適当</u>
と思われるものを一つ選び、番号で答えなさい。

　　（1）目くされ金
　　（2）たばこ銭
　　（3）あぶく銭
　　（4）はした金
　　（5）涙金

6. 次は用語とその意味の組み合わせである。中から<u>不適当</u>と思われるも
のを一つ選びなさい。

　　（1）懐石料理＝一品ずつ客に出す日本料理。
　　（2）本膳料理＝三の膳までそろえた正式な日本料理。
　　（3）普茶料理＝茶と点心類からなる軽い食事。
　　（4）会席料理＝宴会で出る上等な料理。
　　（5）精進料理＝肉や魚を使わない料理。

解答・解説　- -

1. （4）「手に余る」は、自分の力を超えていること。
2. （5）「鼻を突く」は、鼻を刺激する嫌な臭いのこと。
3. （5）「腹を割って話す」は、自分の心の内を包み隠さず話すこと。
4. （3）「軽薄」とは誠実にかける言葉や動作で、親しみやすさや愛きょうのある人とは
　　　　関係しない。
5. （3）「あぶく銭」は、まじめに働かずに得たお金のこと。
6. （3）「普茶料理」は中国から伝わった禅寺の精進料理。説明にあるものは「飲茶（ヤムチャ）」。

笑顔の効果と作り方

● ●

　笑顔であることは、サービススタッフとしての基本です。ここでは「笑顔の作り方」を確認してみましょう。ポイントは３つです。

①目
　目尻を下げるようにするのが一番のポイントです。視線は相手のことを温かく見守るようにします。

②口
　両側の口角を上げるのが一番のポイントです。歯が見えるくらいに口を開くとより明るい笑顔になります。

③心
　心がともなっていないと作り笑顔になってしまいます。「お客さまを歓迎する気持ち」が表情に表れたものが「笑顔」ですから、その気持ちを忘れないようにしましょう。

　以上が笑顔を作るときのポイントです。表情が相手に与える印象はとても大きいものです。ですので、表情がしっかり見えるような髪形が望ましいです。また、マスクも必要ないときには外すように心がけるとよいでしょう。

第4章

対人技能

この章では、「対人」つまり人との接し方や
人間関係、コミュニケーション技能について学びます。
サービス業に従事する人は、
お客さまをはじめ、お店や職場の上司、同僚、
取引先の方々など、多くの人とかかわり合いながら
仕事を進めていくことになります。
サービススタッフとしてふさわしい
受け応えや言葉遣い・マナー、
また、良好な人間関係を保つための対処法や、
接客などの接遇知識を確認しましょう。

理解したら
check!

- ☑ 接遇者としての受け応え
- ☑ 接遇者としてのマナー
- ☑ 人間関係の基本
- ☑ 接遇知識

接遇者としての受け応え

Point
・接遇の基本となる接遇8大用語を覚える。
・接遇者として、敬語を使った丁寧な言葉遣いができるようにする。

［どう対応？］ 婦人靴売り場で、スタッフが
靴を選んでいるお客さまの応対をしている

これの23cmはありますか？

色は黒がいいです。

今見てきます。 ← **Check! a**
ちょっと待ってください。 ← **Check! b**

分かりました。 ← **Check! c**

Check! 正しい言葉遣いで言い換えてみよう

☑ **a**：今見てきます：「ただ今、確認してまいります」

☑ **b**：ちょっと待ってください：「**少々お待ちください**」

☑ **c**：分かりました：「**かしこまりました**」

接遇8大用語

⚠️接遇者に欠かせない「あしかもおおいし」

次のフレーズは、お客さまに接するときの接遇8大用語です。頭文字をつなげて「あしかもおおいし」と覚えましょう。ただ言葉を言うのではなく、どの言葉も気持ちをこめて、タイミングをのがさず伝えることが大切です。

(**あ**) 「ありがとうございました」

…感謝の気持ちをこめて言いましょう。

(**し**) 「少々お待ちください」

…短い時間であってもお待たせすることに対するお詫びの気持ちをこめて言いましょう。「ちょっと」ではなく丁寧な「少々」を使います。

(**か**) 「かしこまりました」

…快く引き受ける意欲をこめて言いましょう。

(**も**) 「申し訳ございません」

…心からお詫びの気持ちをこめて言いましょう。

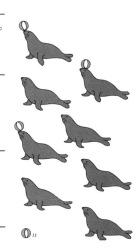

(**お**) 「お待たせいたしました」

…お待たせして申し訳ないというお詫びの
気持ちをこめて言いましょう。

(**お**) 「恐れ入ります」

…相手に何か頼むときやほめられたときに、
感謝の気持ちをこめて言いましょう。

(**い**) 「いらっしゃいませ」

…心から歓迎の気持ちをこめて言いましょう。

(**し**) 「失礼いたします」

…お客さまのそばに近づくとき、声をかけるとき、入退室のときに使います。敬意の気持ちをこめて言いましょう。

適切な言葉遣い

🔺丁寧な言葉を使う

お客さまの応対をするときは、丁寧な印象を与えるためたとえば自分のことを表す言葉ひとつをとっても、「ぼく」「あたし」ではなく、「わたくし」「わたくしども」という丁寧な表現を使います。

○　好ましいことばの例	×　好ましくないことばの例
わたくし（わたし）／わたくしども	あたし／うち／ぼく／ぼくたち
ございます／ございません	あります／ありません
どちらさま（どなたさま）でしょうか	誰ですか
承知いたしました／かしこまりました	よろしいです／了解です
あちら／こちら／そちら／どちら	あれ／これ／それ／どれ
いかがで（ございま）しょうか	どうでしょうか
申し訳ございません／失礼しました	すみません／ごめんなさい
どうもありがとうございます	どうもすみません
はい／さようでございますか	うんうん／へぇ／なるほど
おつかれさまです	ご苦労さまです

🔺伝わりやすい表現を選ぶ

お客さまとお話しするときには、伝わりやすい表現を意識して話すことが重要です。**業界用語**や**専門用語**はなるべく使わずに、**誰もが分かる表現**を使うようにしましょう。また、若者言葉（「チョー」「ヤバイ」など）は、社会人として**未熟な印象を与える**ので、使わないようにしましょう。

▲「命令形」でなく「依頼形」を使う

相手に何かをお願いするときは、「〜してください」といった命令形ではなく、「〜していただけませんでしょうか」という**依頼形**を使うと、より丁寧な印象になります。

◆「〜していただけませんでしょうか」

例：「少々お待ちいただけませんでしょうか」

　　「お煙草はご遠慮いただけませんでしょうか」

▲否定形はなるべく使わない

「私には分かりません」「そちらのサービスはできません」といった言い方は、一方的で冷たい印象を与えてしまいます。「〜かねる」（＝〜できない）という表現を覚えましょう。

◆「〜いたしかねます・〜できかねます」（＝〜できません）

例：「お客さまのご要望は、当店としては**お受けいたしかねます**」

◆「分かりかねます」（＝分かりません）

例：「私では**分かりかねます**ので、担当の者におつなぎいたします」

▲クッション言葉を活用する

相手に何かお願い・お断りする場合に、前に添えて使用する言葉を「**クッション言葉**」といいます。

例：「**恐れ入りますが**、お名前をお教えいただけませんでしょうか」

例：「**申し訳ございませんが**、ただ今、山田は席を外しております」

その他のクッション言葉

・失礼ですが

・あいにくですが

・お手数をおかけしますが

・できましたら

・よろしければ

・申し上げにくいのですが　など

クッション言葉を一言添えるだけで、やわらかい印象にできるね。

敬語の基本

▲ 敬語の種類と使い方

　　敬語とは、話をする相手との上下関係を言葉に反映させたもので、相手に敬意を表すために使います。敬語には**尊敬語**、**謙譲語**、**丁寧語**があり、それぞれの言葉を作るための"法則"があります。一つひとつ、その作り方を見ていきましょう。

▲ 尊敬語

　　お客さまや目上の人の動作を表すときには、**尊敬語**を使います。

尊敬語の作り方

①動詞＋**れる・られる**

　　例：「お客さまが席を立た**れる**」

②**お・ご**＋動詞＋**になる**

　　例：（お客さまに）「こちらのペンを**ご**利用**になり**ますか」

③**お・ご**＋動詞＋**なさる**

　　例：「お客さまが**お**引越し**なさる**」

④**お・ご**＋動詞＋**くださる**

　　例：「部長が**ご**説明**くださる**」

⑤言葉自体を**言い換える**（→右表参照）

　　例：「お客さまが明日 10 時に**いらっしゃる**」

尊敬語は、
「相手の動作」、
謙譲語は「自分の動作」に
使うんだね。

▲謙譲語

自分や身内（＝同じ会社やお店の人）の動作を表すときは**謙譲語**を使います。

> ### 謙譲語の作り方

①**お・ご＋動詞＋いたす**（する）

　例：「試着室まで**ご案内いたします**（ご案内します）」

②**お・ご＋動詞＋申し上げる**

　例：「夕方までに**ご連絡申し上げます**」

③**お・ご＋動詞＋いただく**

　例：「本日**ご見学いただく**のはこちらの物件でございます」

④**言葉自体を言い換える**（→下表参照）

　例：「診察券を**拝見します**」

覚えておきたい言葉を言い換える尊敬語と謙譲語

普通語	尊敬語	謙譲語
する	なさる	いたす
行く	いらっしゃる・お見えになる お越しになる・おいでになる	伺う・参る
来る	いらっしゃる	参る
言う	おっしゃる	申す・申し上げる
見る	ご覧になる	拝見する
聞く	お聞きになる	伺う・承る
いる	いらっしゃる	おる
食べる	召し上がる	いただく
思う	お思いになる	存じる
訪ねる	いらっしゃる	伺う
気に入る	お気に召す	――――――
借りる	――――――	拝借する

▲ 名詞の尊敬語と謙譲語

　　自分やお客さま、会社、お店などの名詞にも尊敬語と謙譲語があります。
とっさのときでも使い分けられるように慣れておきましょう。

名詞の尊敬語と謙譲語

名詞	尊敬語	謙譲語
わたし	――――――――	わたくし、てまえ、小生
あなた	あなたさま、貴殿	――――――――
会社	貴社、御社	当社、弊社、小社
お店	貴店	当店、弊店、小店
名前	お名前、ご芳名、ご尊名	――――――――

▲ 丁寧語

　　「です」「ます」「ございます」を語尾に付けて、丁寧な表現にすることで
敬意を表します。

例：明日は休業日だ。→明日は休業日でございます。

言葉に「お」や「ご」をつけて美しく表現します。

例：お電話、お約束、ご住所、ご伝言

※ ただし、次のものには「お」や「ご」を付けません。

× 外来語

例：「おコーヒー」「おレシート」「おエスカレーター」など

× すでに尊敬の意味を含むもの

例：「ご先生」「お社長」「ご貴殿」など

× 丁寧な表現が必要ないもの

・自然現象　　例：「お暑い」「お寒い」「お晴天」

・動物　例：「お犬」「お猫」「おカブトムシ」

▲間違えやすい敬語表現

尊敬語と謙譲語を間違って使う

尊敬語と謙譲語を間違えて使わないように気をつけましょう。

◆お客さまが来たことを誰かに伝える

× お客さまが参りました。

○ お客さまがいらっしゃいました。

→ 「来る」は「お客さま」の動作ですから、尊敬語「いらっしゃる」を使います。「来られる」も OK です。

敬語を二重に使う

尊敬語を作る "法則" は一つの言葉に一つしか使えません。二つ以上使ってしまうと「二重敬語」という間違った日本語になります。気をつけましょう。

◆お客さまが帰ったことを誰かに伝える

× お客さまがお帰りになられました。

○ お客さまがお帰りになりました。または、お客さまが帰られました。

→ 「帰る」の尊敬語「お帰りになる」に「られる」を付けるのは二重敬語になるため誤りです。

身内に対して「尊敬語」を使う

お客さまがいらっしゃる場合、その場で一番えらいのはお客さまです。その場合は自分の店舗のスタッフ（＝身内）の動作には尊敬表現を使いません。

◆お客さまに対して

× 店長はもうすぐいらっしゃいます。

○ 店長はもうすぐ参ります。

・お客さまや社外の人に身内の人のことを言うときは謙譲語を使います。

次は、
職種別に敬語の
使いかたの
実例を見てみよう！

第4章 対人技能■接遇者としての受け応え

お客さまに丁寧な言葉で言えるかどうか確認をしてみましょう。

〈レストランスタッフ〉

✳ 席を案内するときは……

「この席でよいか」 → 「こちらのお席でよろしいでしょうか」

✳ メニューを渡すときに……

「このメニューを見てください」 → 「こちらのメニューをご覧ください」

✳ メニューを見ているお客さまには……

「注文が決まったら、呼んでください」
→ 「ご注文がお決まりになりましたら、お呼びください」

✳ 待ち合わせの人が来たことを知らせるときは……

「連れの人が来ました」 → 「お連れの方がいらっしゃいました」

✳ 飲み物がいるか聞くときは……

「飲み物はどうしますか」 → 「お飲み物はいかがなさいますか」

〈デパートスタッフ〉

✳ 売っている場所を聞かれたら……

「その品は7階の家庭用品売り場にあります」
→ 「そちらのお品は7階の家庭用品売り場にございます」

✳ トイレの場所を聞かれたら……

「ここからだと、6階子ども服売り場の奥が一番近いです」
→ 「こちらからですと、6階子ども服売り場の奥が一番近くでございます」

✳ ペット連れの人は入店できないことを伝えるとき……

「ペットを連れたお客さまの入店は遠慮してください」
→ 「ペットをお連れのお客さまのご入店はご遠慮いただけませんでしょうか」

〈ホテルフロント〉

✳ 予約をしていたお客さまが来たら……

「いらっしゃい。名前を頂戴してもよいか」

→ 「いらっしゃいませ。お名前をお伺いしてもよろしいでしょうか」

※名前は実際に「もらう」「頂戴する」ことはできないので、「聞く」か「教えてもらう」
　の丁寧な言い方で聞きます。

✳ 予約しているかを尋ねるときに……

「すでに予約をしているか」

→ 「すでにご予約をいただいておりますでしょうか」

✳ 朝食券を渡しながら……

「朝食の際は、この券を持ってレストランに来てください」

→ 「ご朝食の際は、こちらの券をお持ちになって
　　レストランにお越しください」

〈販売店スタッフ〉

✳ お客さまの探している品物を尋ねるときは……

「どんな品を探していますか」

→ 「どのようなお品をお探しでいらっしゃいますか」

✳ お客さまが買う商品を決めたら……

「これで決まりですか」 → 「こちらにお決まりでしょうか」

✳ 試着をすすめるときは……

「どうぞ試着したらどうですか」

→ 「どうぞご試着なさってみてはいかがでしょうか」

お客さまには尊敬語と
謙譲語を間違えて
使わないように
注意しなくてはいけないね。

接遇者としての受け応え

○か×で答えながら、具体的な事例別の対応を学びましょう。
覚えたら☑にチェックを入れましょう。

問題	解答・解説
☑☑☑ **Q1 飲食店スタッフ** 予約の電話で人数を聞くときに、「お見えになられるのは何名さまですか」と尋ねた。	**A ×** 「お見えになられる」は二重敬語。正しくは「お見えになる」「来られる」など。
☑☑☑ **Q2 企業受付スタッフ** 来客に担当者への取り次ぎを頼まれたときに、「かしこまりました。少々お待ちくださいませ」と伝えた。	**A ○** 依頼などを受けるときは「かしこまりました」と返事する。
☑☑☑ **Q3 販売店スタッフ** 接客中にほかのお客さまから呼ばれたときに、「ちょっと待ってください」と伝えた。	**A ×** 「ちょっと」ではなく「少々」。「少々お待ちください」と伝える。
☑☑☑ **Q4 飲食店スタッフ** 満席で待ってもらいたいときに、「こちらで待ってください」と言った。	**A ×** お願いは依頼の形で伝える。「お待ち願えますか」「お待ちいただけますでしょうか」など。
☑☑☑ **Q5 営業スタッフ** お客さまに部長への伝言を頼まれたときに、「部長にお伝えしておきます」と返事した。	**A ×** お客さまに対して、部長を立てた表現は不適切。「部長に申し伝えます」とする。
☑☑☑ **Q6 デパートスタッフ** 商品をほめられたので、へりくだって「とんでもございません」と答えた。	**A ×** 「とんでもございません」は間違った日本語。正しくは「とんでもないです」と答えます。
☑☑☑ **Q7 販売店スタッフ** 商品のサイズを切らしていたときに、「お急ぎでなければ、お取り寄せいたしましょうか」と伝えた。	**A ○** 自分の動作に「お〜いたす」をつけ、謙譲語にしてお客さまを高める。
☑☑☑ **Q8 飲食店スタッフ** 料理を出すのが遅くなってしまったときに、「お待たせしてすみません」と言って料理を出した。	**A ×** 「すみません」ではなく「申し訳ございません」と丁寧にお詫びする。

問題	解答・解説
☑ **Q9 営業スタッフ** ☑ 打ち合わせの相手が来たことを部長に伝えると ☑ きに、「吉田さまがまいられました」と伝えた。	**A ×** 「まいる」ではなく、尊敬語の「い らっしゃいました」または「お 見えになりました」とする。
☑ **Q10 レストランスタッフ** ☑ コートを着てきたお客さまに「お上着をお預か ☑ りいたしましょうか」と尋ねた。	**A ○** 自分の動作なので謙譲表現。「預 かりましょうか」ではなく、よ り丁寧な言葉遣いで尋ねる。
☑ **Q11 ホテルフロント** ☑ 伝言を預かっていることを伝えるときに、「ご ☑ 伝言があります」と言った。	**A ×** 「ご伝言を承っております」「ご 伝言がございます」とするのが 適切。
☑ **Q12 営業スタッフ** ☑ お客さまからカタログを送ってくれるように頼 ☑ まれたので「了解しました」と答えた。	**A ×** 「かしこまりました」や「承知 いたしました」と答えるのが正 しい。
☑ **Q13 企業受付スタッフ** ☑ お客さまから商品に対する電話があったときに、 ☑ 「私では分かりかねますので、担当におつなぎ いたします」と答えた。	**A ○** 「分かりません」ではなく「〜か ねる」の表現を使い「分かりかね ます」と伝え、分かる人に取り次ぐ。
☑ **Q14 飲食店スタッフ** ☑ 喫煙するかどうかを尋ねるときに「お煙草はお ☑ 吸いになられますか」と尋ねた。	**A ×** 「お吸いになる」に「られる」 とつけた二重敬語。「お吸いに なりますか」とするのが適切。
☑ **Q15 デパートスタッフ** ☑ お客さまが探している商品を取り扱っていない ☑ ときに、「あいにくそちらの商品は当店では取 り扱っておりません」と伝えた。	**A ○** 「あいにく」や「申し訳ございま せんが」といったクッション言 葉を使うと、表現がソフトになる。
☑ **Q16 ホテルフロント** ☑ レストランの予約を頼まれたときに、「何時に ☑ 何人でしょうか」と尋ねた。	**A ×** 「何時に何名様でご予約なさい ますか」と丁寧な表現に。

第4章

対人技能■○×でチェック！

接遇者としてのマナー

Point

・接遇者として、きちんとしたお辞儀や立ち居振る舞いができる。

・一般的なマナー、食事のマナーを知る。

どこがダメ？ ホテルのお客さま案内係が、エレベーターに乗ってお客さまを部屋に案内しようとしている

Check! a

Check! b

Check! c

Check! どこがNGか説明してみよう

☑ **a 姿勢**：気をぬいて、**お客さまのお荷物を床に置いている。**

☑ **b 立つ位置**：下座（操作盤の前）に立っていない。

☑ **c 対応**：エレベーターの操作を**お客さまにさせている。**

立ち居振る舞いの基本

▲ きれいな立ち姿勢

　接遇者は、お客さまをお迎えするときからお見送りまで、**礼儀正しい姿勢**で応対しなければなりません。左ページのような状況の場合、きちんとした姿勢でエレベーターの操作盤の前に立ち、お客さまをお部屋にご案内するのが適切な応対です。

　きちんとした姿勢は、まずは**意識すること**から始まります。服装、身だしなみ（→**第1章 p.32～35**）を整えることも忘れないようにしましょう。

待機しているとき

・自然な**笑顔**で周囲を見渡す。
・お客さまが見える位置に立つ。
・**かかと**をつけ、**つま先**は少し開く。
・両手は**おへそ**あたりで組む。

お見送りするとき

・最後まで気をぬかずにきちんとした**姿勢**を保つ。
・感謝の気持ちをこめて丁寧に**お辞儀**（→ p.132～134）をする。
・車の場合は車が**見えなくなる**まで見送る。
・エレベーターの前まで見送る場合は、エレベーターの扉がしまって**動き出す**までお見送りする。

お客さまが
見ていないときも、
気をぬいちゃ
いけないんだね。

▲きれいなお辞儀のしかた

　お辞儀は**会釈・敬礼・最敬礼**の 3 種類があります。使う場面によってどのお辞儀をすべきかが変わるため、使い分けが必要です。

　あいさつの言葉を添えるときは、**言葉を言い終わってからお辞儀をする**のが丁寧なお辞儀です。

おじきの種類

| | 会釈 | 敬礼 | 最敬礼 |

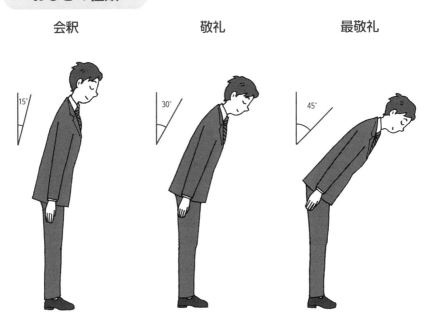

	会釈	敬礼	最敬礼
姿勢	上半身を15度ぐらい傾ける	上半身を30度ぐらい傾ける	上半身を45度ぐらい傾ける
使う場面	・要件を承るとき ・すれ違うとき ・入退室するとき	・一般的なあいさつ	・感謝 ・お詫び 　の2つの場面のみ
お辞儀に添えることば（例）	「かしこまりました」 「失礼いたします」	「いらっしゃいませ」 「こんにちは」	「ありがとうございます」 「申し訳ございません」

お辞儀のポイント

・かかとをつける、つま先は少し開く。

・背筋を伸ばし、胸を張る。

・手を前で組むときには、おへその位置から動かさない。

・手を組まないときには、パンツラインに添える。

・お辞儀をするときは、首を曲げずに腰から曲げる（"首だけお辞儀"にならないように）。

・上半身を下げるときは素早く下げ、いったん静止して、ゆっくり上半身を上げる。

・上半身を上げたら、再び相手と目を合わせる。

・笑顔は最後までキープする。

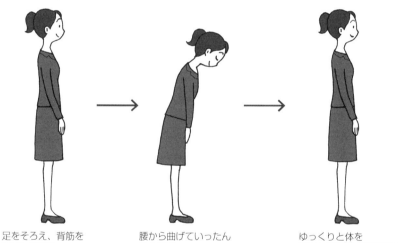

足をそろえ、背筋を　　　　腰から曲げていったん　　　ゆっくりと体を
伸ばして立つ。　　　　　　静止する。　　　　　　　　起こして相手の目を見る。

▲要件を伺うときは

　お客さまの要件を伺うときやお料理を供するときには、前傾姿勢で応対します。これは、お客さまを立てた謙虚な姿勢です。会釈の姿勢を基本に、かかとをきちんとつけて立ち、上半身を5〜10度傾け、お客さまと話をするときには相手の目を見るようにします。

▲ドアを開けるときは

　お客さまを会議室などにご案内するときは、お客さまの 2 ～ 3 歩ななめ前を歩いてドアの前までご案内し、内開きのドアの場合は**自分が先に室内に入ってお客さまを招き入れ**、外開きのドアの場合は**ドアを開けてドアノブを持ってお客さまに先に入っていただく**ようにします。

内開きのドアの場合
ドアを開けて自分が先に室内に入り、
お客さまを招き入れる。

外開きのドアの場合
ドアを開け、お客さまが先に室内に
入るようにする。

▲お客さまとエレベーターに乗るときは

　p.130 のようにお客さまと一緒にエレベーターに乗る場合は、エレベーターの扉が開いたら、**できるだけお客さまに背を見せないように素早く操作盤の前に立ち**、お客さまに乗っていただくようにします。

▲お見送りをするときは

　お見送りをするときは、感謝の気持ちをこめて、お辞儀をします。相手が見えなくなるまで頭を下げておくのが基本です。

一般的なマナー

▲席次

　席次とは、席順のことです。お客さまや目上の人は「**上座**」に、目下の人ほど「**下座**」に座ります。

　基本は、**入口から遠い席が上座、近い席が下座**ですが、お客さまから「入口近くがいい」といった要望があった場合は、それに従います。

上座・下座の例

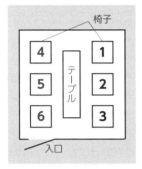

応接室
入口からいちばん奥が上座。社内側とお客さま側に分かれるようにする。

和室
床の間の前が上座、床の間がない場合は入口からいちばん奥まった席が上座。

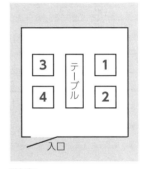

洋室
入口からいちばん奥まった席が上座。ドアにいちばん近い席が下座。

タクシー
運転手の後ろが上座。後席に3人で座る場合は、中央が下座。

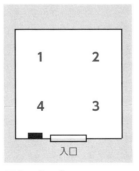

エレベーター
操作ボタンのある側の真後ろが上座。

いろいろな
シチュエーションの
席次を覚えておこう！

▲和室でのマナー

　料亭での接待などで和室を使うことがあります。和室には歩き方や座布団の座り方などさまざまな作法があります。社会人として覚えておきたい和室マナーを押さえておきましょう。

・和室に出入りするときは、**敷居**や**畳の合わせ目**や**へり**を踏まない。

・座布団にはすすめられるまで座らない。畳の上で正座してあいさつし、すすめられたら座布団の上に立てひざの姿勢で移動する。

・和室では立ったまま座っている人に話しかけない。

・手土産は玄関または和室に通され、あいさつしたときに渡す。袋に入れてあったら、**袋から出して**畳の上で相手に丁寧に渡す。

・帰りのあいさつは座布団からおりてする。

▲訪問のマナー

　取引先や顧客宅などを訪問するときの基本マナーです。失礼のない振る舞いができるようにしておきましょう。

・インターホンを押す前に身だしなみを整える。冬の訪問では、**玄関に入る前**にコートやマフラー、手袋はとる。

・雨の日は玄関に入る前に傘のしずくをはらいレインコートも脱いでおく。上がる場合はレインコートの濡れたほうを**内側にたたみ**、玄関の脇に置いておく。

・玄関に入ったら丁寧にあいさつをする。

・上がるときは、「お邪魔いたします」と言い、正面を向いたまま靴を脱いで上がり、そのあとすみやかに振りかえってひざをついて靴を外向きにそろえる。

・手土産は**相手の家の近くでは買わない**。あわてて間に合わせた印象を与えるので失礼。

・おいとまするときは、玄関で靴をはいてから振り返って自分の使ったスリッパを向きをかえてはじにそろえる。

・コートは玄関を出てから着るのがマナーだが、相手に「こちらでどうぞ」とすすめられたらその場で着てもかまわない。

食事のマナー

▲相手に不快な思いをさせない

　基本は、食事中に同席者の人に不快な思いをさせないということです。料理を口に入れたまま会話をしない、中座をするときは「ちょっと失礼します」と言ってから席を離れるといったことに注意しましょう。

洋食	・食器やカトラリーの音を立てない。 ・フルコースの場合、ナイフやフォークは外側から使う。食事中に休めるときは八の字に皿の上に置き、食後はななめにそろえて皿の上に置く。 ・ナプキンは、オーダーがすんでから、二つ折りにして輪を手前にして膝の上に置く。中座をするときはいすの上に置き、食事が終わったら、軽くたたんでテーブルの上に置く。 ・食べる速度はほかの人と合わせる。
和食	・汁椀、飯椀、小鉢、小皿など、持てる器は手に持っていただく。汁がたれないように手を受け皿のようにあてる手皿はマナー違反。 ・椀のふたはあけたら椀の横に裏返して置き、食べ終わったらもとのようにふたをする。 ・食事中の箸は箸置きに置き、箸置きがないときは箸袋を折りたたんで箸置きとして使う（箸使いのマナーは**第3章 p.101**も参照）。
中国料理	・円卓の料理は、主賓席の人が最初に取り時計回りに円卓を回す。 ・自分の食べる料理は自分で取る。ほかの人の分まで取り分ける必要はない。 ・料理を取り分けるときは、取り皿はテーブルに置いたまま取る。 ・ひと皿の料理を同席の全員が取ってから食べ始める。 ・取り皿に取った料理は残さずに食べる。
立食パーティー	・料理を取ったあとは、次の人の邪魔にならないようメインテーブルからすみやかに離れる。メインテーブルの近くで食べ始めない。 ・一部の人が座れる椅子に、いつまでも座り続けない。 ・スピーチなどがあるときは、料理を食べるのをやめてスピーチする人のほうを向いて話を聞く。
お酒	・乾杯はグラスを目の高さに上げ、あらたまった場ではグラスを合わせて音を立てることはしない。 ・ビールを受けるときは片手でグラスを持ち、もう一方の手の指をそろえてグラスの底にそえて受ける。 ・ワインをついでもらうときは、グラスは持たずにテーブルの上に置いておく。

接遇者としてのマナー

○か×で答えながら、具体的な事例別の対応を学びましょう。
覚えたら☑にチェックを入れましょう。

問題	解答・解説
Q1 銀行スタッフ 相手の話を聞くときに長い髪が顔にかからないよう接客のときはむすぶようにしている。	**A ○** おじぎや前傾姿勢をした際に、髪の毛が前に来ないようにまとめておくとよい。
Q2 販売店スタッフ お客さまを出口まで見送ったあとお辞儀をしてすぐに店内にもどった。	**A ×** お客さまの姿が見えなくなるまでお見送りをするのが基本。
Q3 美容室スタッフ 最初にお客さまの要望を聞くときは、相手の目線にあわせて体を前傾して聞くようにしている。	**A ○** 前傾姿勢は謙虚な気持ちをあらわし、好感をもってもらえます。
Q4 レストランスタッフ お客さまをお見送りするときに、感謝の気持ちをこめてお辞儀をして、いったんとめてから頭を起こした。	**A ○** お辞儀をしてすぐに頭をもどすとおざなりな印象を与える。
Q5 営業スタッフ 来社したお客さまがコートを持っていたので「コートをお預かりいたします」と言ってあずかった。	**A ○** 預かったコートはハンガーにかけて、お帰りの際に渡すようにする。
Q6 飲食店スタッフ 店の外に出たら入口にゴミが落ちていたが、清掃スタッフの仕事なのでそのままにした。	**A ×** 一人ひとりが清潔な職場をつくる意識が大切。ゴミに気づいたらかたづける。
Q7 レストランスタッフ 食事を終えたお客さまが帰るとき、「ご利用ありがとうございました。またお越しくださいませ」と言った。	**A ○** 言葉をかけることにより、より親近感を与えることができる。
Q8 営業スタッフ お客さまの家を訪問するときは、在宅している確率の高い夕食時に行くようにしている。	**A ×** 訪問は相手からの指定がないかぎり、朝10時前、食事時、夕方以降は避けるのが基本。

問題	解答・解説
Q9 生命保険会社スタッフ 雨の日にお客さま宅を訪問するときは、レインコートなどぬれたものの始末は玄関先でしてから、チャイムを押すようにしている。	**A** ○ コートについた水滴で玄関の中を濡らさない配慮が必要。
Q10 レストランスタッフ カトラリーを落としてガチャンと音を店内に響かせてしまったので、「お粗末さまでございました」と言った。	**A** × 「申し訳ございませんでした」または「失礼いたしました」と言う。
Q11 営業スタッフ お客さま宅を訪問するときは、お客さまが安心できるように、事前に確認の電話を入れるようにしている。	**A** ○ 突然の訪問は相手に迷惑がかかる可能性が高い。訪問前に確認の電話をするのが基本。
Q12 ホテルスタッフ お客さまがお帰りの際は、お客さまの車が見えなくなるまでお辞儀をしてお見送りするようにしている。	**A** ○ 角を曲がるまでなど、車が見えなくなるまで見送るのが基本。
Q13 営業スタッフ 上司と一緒にタクシーの後部座席に乗るときは、自分が先に乗るようにしている。	**A** × タクシーでは運転手の真後ろのシートが上座なので、上司に先に乗ってもらう。
Q14 生命保険会社スタッフ お客さまの家の和室に通されたときは、ご主人がくるのを座布団の上に正座して待つようにしている。	**A** × 最初のあいさつは畳の上で。座布団はすすめられるまで使わない。
Q15 営業スタッフ お客さまの家を訪問するときは、約束の時間より早めに伺うようにしている。	**A** × 訪問は約束の時間より早く行くのは相手に迷惑。
Q16 営業スタッフ お客さまを中華料理で接待するとき、円卓の上にビール瓶を置いて自由に飲んでもらうようにした。	**A** × 倒れる危険性があるので円卓の上にビール瓶はのせない。

人間関係の基本

Point
- 上司や先輩、同僚など**内部の人**、およびお客さまや取引先、その他の人々と、**良好な人間関係**を築くことができる。

どこがダメ? 新人スタッフが、自分の仕事が終わり帰ろうとしている

おっ、
今日はもう終わり？
お疲れさま。

Check!
a

今日も疲れたなぁ。

Check!
b

Check! どこがNGか説明してみよう

- ☑ **a あいさつ**：先輩からあいさつされても返していない。
- ☑ **気配り**：自分のことばかりで、他者への配慮に欠けている。
- ☑ **b 態度**：先輩・同僚への敬意が感じられない。

職場を取り囲む人間関係

🔺人間関係を理解する

職場や社会は、それを取り囲む**人間関係**でできています。それぞれに**適切なコミュニケーション**をとる必要があります。

内部

上司・先輩

知識も経験もある目上の人たちです。ですから**尊敬の念**をもって接します。トラブルや不明な点があったときは、いつでも頼れるよう日頃から親密なコミュニケーションをとっておきましょう。

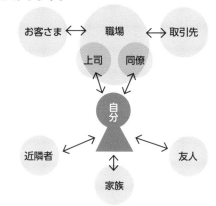

同僚

同じ時期に入社した人たちです。近しい仲間であると同時にライバルでもありますから、お互いに**切磋琢磨できる関係**が望ましいといえます。

外部

お客さま

お店に来てくださる人たちです。こちらが提供する商品・サービスと引き換えにお客さまは料金を払います。お金を払うお客さまがいなくては事業が成り立ちませんから、常に**お客さまの立場を第一**に考えます（**顧客意識**）。

取引先

商品の仕入先など、仕事を一緒に行うパートナーです。持ちつ持たれつの関係ですので、お互いに気持ちよく仕事ができるように心がけます。

その他（地域の人や通行人など）

今は関係がなくとも、新たにお客さまになる人もいます。**すべての人と関係をうまく築けるようにしましょう**。たとえ業務時間外であっても、信用を損なう行動はしてはいけません。常にお店の看板を背負っているという意識をもって行動しましょう。

第4章 対人技能｜人間関係の基本

141

良好な人間関係の構築

▲職場での人間関係

　職場では良好な人間関係があってこそ、気持ちよく働くことができます。その結果、お客さまへのサービスもよりよいものとなっていきます。人間関係の基本となるのは、相手に対する**配慮**、**気遣い**、**思いやり**です。上司や先輩、同僚、後輩など、周囲の人と信頼関係を築き、協力しあって仕事に取り組むことが大切です。

　あいさつは良好な人間関係をつくる第一歩となります。誰に対しても自分からあいさつをするように心がけましょう。

内部の人に対する注意

・自分と考え方が違っても、否定から入るのではなく、まずはその人の考えを**尊重する**よう心がけましょう。
・先輩や上司となんでも気さくに話せる関係になっても、「**親しい中にも礼儀あり**」というように、なれなれしい態度をとらないようにします。

外部の人に対する注意

・自分が思う以上に、周囲はあなたを見ているものです。ですから身だしなみや言動には常に気をつける必要があります。
・会社やお店の内部のことを**外部の人にむやみに話さない**ようにしましょう。
・友人や家族であっても、**お店に来ればお客さまです**。お客さまとして平等に接するようにします。

> 相手の気持ちが明るくなる
> 言葉かけができることも、
> よい人間関係を
> 築くことに役立つよ。

⋯ 実例 ⋯⋯⋯⋯⋯⋯⋯⋯⋯⋯⋯⋯⋯⋯⋯⋯⋯⋯⋯⋯⋯⋯⋯

✳ **上司や同僚が外出からオフィスにもどってきたら……**
「お疲れさまです」「おかえりなさいませ」と、自分から声をかけるようにする。

✳ **後輩から仕事上の相談をもちかけられたら……**
自分の経験を通じて何か力になれることがあるかもしれないので、できるかぎり相談にのるようにする。

✳ **ほかのスタッフに仕事で困っているときに助けてもらったら……**
自分も仲間のスタッフのために、何かできることがないかを考え、助けあって仕事をすすめていけるよう努める。

✳ **退社時間に忙しそうにしている人がいたら……**
何か自分が手伝えることがないか尋ねるようにする。

✳ **取引先の人に店舗の売り上げについて細かく聞かれたら……**
詳しい内部事情については話さないようにする。

✳ **お客さまから自分の分からない内容の問い合わせを受けたら……**
勝手な推測で答えずに、上司や担当者など分かるものに確認してから答えるようにする。

スタッフ同士が
信頼しあって、
協力しあうことで
よいサービスは生まれるよ。

第4章 対人技能──人間関係の基本

人間関係の基本

○か×で答えながら、具体的な事例別の対応を学びましょう。
覚えたら☑にチェックを入れましょう。

問題	解答・解説
☑ ☑ ☑ **Q1 営業スタッフ** 出張に行った際に先輩がお土産を買ってきてくれたので、自分も出張に行ったときに買ってきた。	**A ○** 相手のしてくれたことに対するお返しは大切。
☑ ☑ **Q2 販売スタッフ** よく来てくれるお客さまには、友だちのように親しい話し方をしている。	**A ×** スタッフとしての立場をわきまえて、お客さまと親しくなっても礼儀を忘れないようにする。
☑ ☑ **Q3 飲食店スタッフ** 苦情を言ってきたお客さまに「そのようなことは店長にお願いします」と言い店長を呼んだ。	**A ×** まずは謙虚にお詫びする。店長に直接言ってほしいとはお客さまに言うことではない。
☑ ☑ **Q4 営業スタッフ** 用事を済ませて帰るときに電話で上司に、「これから本社に戻ります」と報告をした。	**A ○** こまめに報告・連絡・相談をすることは仕事をスムーズに進めるための基本。
☑ ☑ ☑ **Q5 レストランスタッフ** テーブルの上を片づけているときに、お客さまに呼ばれたが、別のスタッフもいたので自分は気づかないふりをして片づけを続けた。	**A ×** お客さまに「はい」と返事をして、自分が手が離せない場合は別のスタッフに声をかけて応対してもらう。
☑ ☑ **Q6 カラオケ店スタッフ** 店の中でアルバイトの店員と擦れ違ったので、「お疲れさまです」と声をかけた。	**A ○** 後輩や目下の人にも積極的に声をかけるとよい。
☑ ☑ **Q7 旅行会社スタッフ** カウンターが混雑していたので、「お手伝いします」と言って担当者の指示を仰いで手伝った。	**A ○** 職場の仲間同士はお互いに助けあう気持ちが大切。
☑ ☑ **Q8 飲食店スタッフ** ライスは大盛り無料であるため、料理を運んだ際に「ライスは大盛りにしておきました」と伝える。	**A ×** 大盛りにするかどうかはお客さまが決める事。注文時に確認する方が寄り添った対応と言える。

問題	解答・解説

Q9 ツアーコンダクター

☑ ☑ ☑ お客さまが気軽に話しかけやすいように、柔らかい表情を意識している。

A ○

お客さまとよいコミュニケーションをとるには表情も大切。

Q10 スーツ売り場スタッフ

☑ ☑ ☑ 同じようなスーツを見比べているお客さまには、どちらも似合うので、着心地のよさで決めるとよい旨を伝え試着をすすめる。

A ○

迷っているお客さまにアドバイスするのもサービススタッフの役目。

Q11 ホテルフロント

☑ ☑ ☑ お客さまの応対中に電話が鳴ったときは，お客さまに、すぐ終わらせるから少し待ってもらいたいと断ってから出るようにしている。

A ✕

まずは目の前のお客さまを最優先にして、電話は他のスタッフに任せた方がよい。

Q12 医院受付スタッフ

☑ ☑ ☑ 長く待った患者さんを、順番がきて診察室に行くように案内したとき「大変お待たせしました」と言葉をかけた。

A ○

少しでもお待たせしたときはまずお詫びをすることが大切。

Q13 医院受付スタッフ

☑ ☑ ☑ 患者さんの家族が薬を取りに来たが、本人の病状は尋ねなかった。

A ✕

あまり深く聞かないほうがよいが、病状を心配して聞くことで親近感をもってもらえる。

Q14 婦人服店スタッフ

☑ ☑ ☑ プライスを見て思案しているようなお客さまには、「こちらは仕立てがよく、いつまでも長く着られますよ」と言っている。

A ○

事実に反しないセールストークをして、お客さまの買い物をサポートする。

Q15 ホテルフロント

☑ ☑ ☑ 同じ会社の同僚の部屋番号を知りたいというお客さまには、宿泊者に連絡をする前に、約束しているのかを確かめるようにしている。

A ○

宿泊者の情報を教えない配慮が信頼につながる。

Q16 ペットショップ店員

☑ ☑ ☑ 飼い猫のごはん選びに迷っているお客さまがいらっしゃったら、声掛けをして、猫の年齢や好き嫌いなどを伺う。

A ○

困っているお客さまは、不明点を解消してあげることでお店の信頼につなげることができる。

接遇知識

Point
- お客さまの気持ちを察して、**一歩踏み込んだサービス**を心がける。
- **心に伝わるサービス**を提供する。

どう対応？ ホテルのフロントで、お客さまがスタッフにこれから行きたい場所について尋ねている

OOHOTEL

○○岬に行きたいのですが、どうやって行くのがいいですか？

Check!
a

Check! どうご案内するのがよいか考えてみよう

- ☑ **a 場所の説明**：地図に印をつけるなどして説明する。
- ☑ **交通**：徒歩、バスなどの交通手段や所要時間を案内する。
- ☑ **その他**：周辺の観光スポットやおすすめのポイントを伝える。

お客さまの心理を理解する

▲お客さまの心理とは

　お客さまは、例えば旅行中でホテルに宿泊しているのであれば「休暇を満喫したい」「この場所に行きたい」といった**目的**をもって来ています。またお店に来たお客さまであれば、「自分が欲しいものはどこにあるだろうか」「値段はどれくらいだろうか」など、さまざまな気持ちを抱いて来店していることでしょう。

　スタッフは、そうしたお客さまの気持ちを敏感にくみとり、**お客さまが気持ちよくすごせるよう**、サービスを提供しなければなりません。ただ対応するのではなく、**一歩踏み込んだサービスの提供**を心がけ、満足していただくための工夫が大切です。

▲お客さまの表情や動きを観察する

　お客さまの気持ちをくみとるためには、お客さまの表情や行動をよく観察することが大事です。店内で長い間一つの商品を眺めている、二つの品を交互に手に取って迷っている、店のスタッフに何か尋ねたそうにしているなど、お客さまの気持ちを察することができれば、タイミングよく動くことができ、よりよいサービスを提供することができます。

　　お客さまが
何を望んでいるのか、
常に考えながら応対しないと
　　いけないね。

▲お客さまの立場になってサービスやアドバイスをする

　お客さまにサービスをする際、お客さまの望んでいることをお客さまの立場になってサービスすることが大切です。相手がどんなことを望んでいるのかを見極め、スムーズに提案するとよいでしょう。

　また、お客さまの品選びの相談にのることも、サービススタッフの重要な仕事です。十分な商品知識でお客さまの信頼を得て、そしてお客さまが求めている品を納得して購入していただけるよう、普段から心がけておきましょう。

▲どのお客さまにも分け隔てなく応対する

　はじめてのお客さまも、いつも利用しているお客さまも、**どちらも大切なお客さまであることにかわりはありません**。もちろん高額の商品購入の方も、低額の商品購入の方も同様です。サービススタッフは一人ひとりのお客さまに満足していただけるよう、どのお客さまも分け隔てなく応対するようにしましょう。

• • • •

＊ **ホテルのラウンジで親密な相談をされていたら……**
話が一段落したところで「コーヒーのお替わりはいかがですか」と伺いにいく。

＊ **レストランで、あとから連れが来るというお客さまには……**
あとからいらっしゃるお客さまがよく見えるよう、入口付近の席をご案内する。

＊ **レストランで、子どもを連れたお客さまが来店したら……**
子どもの取り分け用の器を用意し、お子さまでも食べやすいメニューをおすすめする。

＊ **カフェで、飲み物がなくなりそうなときは……**
「お替わりはいかがでしょうか」と呼ばれる前に声をかける。

✳ 美容院で、いつも利用してくださるお客さまが来たら……
よく好んで読んでいる雑誌の最新号を鏡の前に用意する。

✳ アロマショップで、アロマオイル選びに迷っているお客さまには……
「柑橘系の香りはお嫌いですか。こちらは気持ちを明るく前向きにしてくれる香りで人気がありますよ」と声をかける。

✳ デパートで、お客さまがいくつか買い物された袋を持っていたら……
「お荷物をひとつにおまとめいたしましょうか」と声をかけ、持ちやすいように大きい袋にまとめてさしあげる。

✳ デパートの贈答品売り場で、お祝いの品の発送を依頼されたら……
「吉日に届くようにいたしましょうか」と尋ねる。

✳ 家電売り場でどれがいいか迷っていたら……
お客さまにどのような機能を求めているかを伺い、それぞれの商品の特徴を簡潔に説明したうえで、お客さまに一番おすすめの品を提案する。

✳ 家電販売店で、商品を購入されたお客さまに……
説明書がついていても「ご説明いたしましょうか」と申し出る。

事務的な応対ではなく、
お客さまの気持ちを察して、
一歩先をいくサービスが
できるといいんだね！

接遇知識

○か×で答えながら、具体的な事例別の対応を学びましょう。
覚えたら☑にチェックを入れましょう。

問題	解答・解説
Q1 美容室スタッフ 暑い日に来店したお客さまに、「暑いところご来店ありがとうございます。どうぞお使いください」と言って、冷たいおしぼりを渡した。	**A** ○ お客さまに気持ちよく過ごしてもらうための配慮は大切。
Q2 温泉旅館スタッフ お客さまに温泉の効能を聞かれたので、大浴場の入口に書いてあるので見るように伝えた。	**A** × まずはスタッフの言葉で説明するのが丁寧な応対といえる。
Q3 土産店スタッフ おいしい土産を買いたいが何がよいかと聞かれて、「私はやはり△△が好きです」と答えた。	**A** ○ 自分の考えや体験を伝えることで信頼できる情報と感じてもらえる。
Q4 飲食店スタッフ ビール瓶を倒したお客さまに「お客さま、いかがなさいましたか」と声をかけた。	**A** × 見ていれば状況が分かるときに「いかがなさいましたか」は不適切。
Q5 販売店スタッフ サービススタッフにはお客さまの要望に応えられないときは、その場ですぐに断れる能力も必要だ。	**A** × お客さまの要望に応えられないときは、代案を伝えることになる。
Q6 レストランスタッフ ライスを食べきれず残してしまったと謝るお客さまに、「お客さまには多かったかもしれませんね」と言いながら器を下げた。	**A** × 最初から「ライスの量はどういたしましょうか」と伺うのがよい。
Q7 ツアーコンダクター 特産品や名所についての由来・エピソードなどについて、常に新しい情報を仕入れておく。	**A** ○ よりよいサービスをするために大切な準備。
Q8 飲食店スタッフ 料理を運んでいるときに、別のテーブルのお客さまが手を挙げたので、これを運んだらすぐ行くという意味でうなずいた。	**A** × 聞こえるように「はい。ただ今参ります」などと言葉でも対応する。

問題	解答・解説
Q9 スーツ売り場スタッフ 今まで着たことのないスーツを着てみたいというお客さまには，それならネクタイも一緒にそろえるとよいと言うようにしている。	**A** ○ 着こなしのアドバイスによりお客さまは安心して購入できる。
Q10 レストランスタッフ メニューを見てはいるが決めかねているお客さまは、そのような性格なのだろうから、何か言うまでそばで待っている。	**A** × 「お決まりになりましたらお呼びください」と言い、いったん席をはなれるか、おすすめのメニューを提案するとよい。
Q11 ホテルフロントスタッフ 近辺の飲食店などを聞かれたときは、お客さまの好みを尋ね、それに合わせて2、3店の特徴を説明して紹介するようにしている。	**A** ○ お客さまのニーズにお応えするのがサービススタッフの役目。予め情報を頭に入れておくと良い。
Q12 医院受付スタッフ 初診の患者さんに、どのような症状かを尋ねたとき、言いにくそうだったのでそれ以上は尋ねなかった。	**A** ○ 他の患者さんのいる受付では言いにくいであろうから、問診票で対応する。
Q13 医院受付スタッフ 待っている患者さんが多く、時間がかかりそうなときは、診察にきた患者さんに、時間がかかるがよいかと言った。	**A** ○ 最初に待ち時間を伝えるのが親切。細かな気遣いが信頼につながっていく。
Q14 家電販売店スタッフ 今回は購入する気がなさそうなお客さまには、扱い方の説明はできるだけしないようにしている。	**A** × 丁寧な応対をすることが次の機会につながる。
Q15 レストランスタッフ 料理をとても気に入ってくれたお客さまに、「恐れ入ります。料理長に申し伝えておきます」とあいさつをした。	**A** ○ 気の利いた一言が相手に親近感をあたえる。
Q16 コート売り場スタッフ おすすめ品のコートはないかと言うお客さまには、お客さまが今着ているのと同じような色のコートをすすめるようにしている。	**A** × まずお客さまの要望を細かく聞き出すのが基本。要望が特になければ、手頃で人気の商品を見せればよい。

対人技能

実際の検定試験と同じ形式の「選択問題」にチャレンジしてみましょう。

3級 問題

1. 次は内田美佐が勤務しているショッピングセンター内の婦人服売り場で、感じのよい接客の仕方として教えられたことである。中から<u>不適当</u>と思われるものを一つ選びなさい。

(1) 大きな買い物袋を持っているお客さまには、よければ預かると言って、貴重品はないかを確かめてから預かるようにする。

(2) 自分が担当したお客さまには、またの来店を待っていると言って名前を名乗るようにする。

(3) お客さまが帰るときは、売り場の外まで一緒に行き、来店のお礼を言って見送るようにする。

(4) 言葉使いは丁寧でないといけないが、丁寧さはお客さま一人ひとりに合わせたものを心がけるようにする。

(5) 初めてのお客さまには、品選びの手助けをしながら、お店の特徴などを話すようにする。

2. 岡本玲奈はお客さまの質問に答えられなかったので、そのことに詳しい先輩に来てもらうことにした。次は岡本が、このことをお客さまにどのように言おうか考えた言葉である。次の中から適当と思われるものを一つ選びなさい。

(1)「ただ今詳しい者がいらっしゃいます」

(2)「ただ今詳しい者を呼んでおります」

(3)「ただ今詳しい人をお連れいたします」

(4)「ただ今詳しい者が来られます」

(5)「ただ今詳しい先輩をお呼びさせていただきます」

3. 婦人服店勤務の本田りさは先輩から、「お客さまに愛想を言うのもスタッフの仕事」と言われた。次はそのとき教えられた愛想の例である。中から<u>不適当</u>と思われるものを一つ選びなさい。

（1）試着したお客さまに「お客さまのセンスのよさが一層引き立ちます」など。

（2）いろいろ試着したが今日はやめておくと言って帰るお客さまには、「お客さまにお似合いになるものがなくて申し訳ございません」など。

（3）取り寄せ品を雨の日に取りに来たお客さまには、「雨の中、わざわざありがとうございました」など。

（4）母の誕生日の贈り物と言う若い女性客には、「お優しいですね、お母さまはお幸せでいらっしゃいますね」など。

（5）試着した服のサイズがちょうど合っているお客さまには、「まるでお客さまに合わせて作ったようにピッタリですね」など。

4. アクセサリーショップの新人スタッフ佐藤基樹は、来店のお客さまに「何をお探しですか」と声をかけたいが、タイミングがつかめず苦労している。次はそのタイミングについて佐藤が考えたことである。中から<u>不適当</u>と思われるものを一つ選びなさい。

（1）お客さまが入店したらすぐに声をかける。

（2）お客さまが商品を見入っていたら声をかける。

（3）お客さまと目があったら声をかける。

（4）お客さまの足が止まったら声をかける。

（5）お客さまがスタッフを探しているようなときは声をかける。

第4章

対人技能 ■ 復習問題

【解答・解説】- -

1. （4）丁寧さはお客さまに合わせて変えるものではないので不適当。

2. （2）この場合は、詳しい者は社内の者のことなので、「呼んでおります」が適当になる。

3. （2）「お似合いになるものがなくて」ではお客さまに否があるようにとられてしまい、お客さまに対して失礼になる。

4. （1）入店してすぐのお客さまには「いらっしゃいませ」「どうぞごゆっくりご覧くださいませ」などの声かけだけにする。

対人技能

実際の検定試験と同じ形式の「選択問題」にチャレンジしてみましょう。

2級 問題

---

1. 婦人服専門店スタッフ高田美穂は先輩から、「お客さまは試着して寸法が合ってもなかなか決まらないことがある。それはいろいろと考えているからだが、アドバイスの仕方で早く決まることもある」と教えられた。次は、アドバイスするとよいこととして教えられたことである。中から<u>不適当</u>と思われるものを一つ選びなさい。

(1) 手持ちの服で、同じようなものはないか考えるとよい。

(2) 自分に似合うのはどのような服かを考えるとよい。

(3) 手持ちのどの靴に合うか考えるとよい。

(4) 手持ちのインナーに合うか考えるとよい。

(5) 前に買った服とサイズが合っているか考えるとよい。

2. 温泉旅館のスタッフ三田紗枝は先輩から、「この旅館のイメージをつくるのは私たちの愛想のよさだ」と教えられた。そこで三田は、お客さまに言う愛想にはどのようなものがあるか同僚と話し合ってみた。次は、そのとき話し合ったことである。中から<u>不適当</u>と思われるものを一つ選びなさい。

(1) ○○の観光に行くと言って準備をしているお客さまに、「その近くにおいしい店がありますよ」と教えてあげるのも愛想ではないか。

(2) 雨の日に到着したお客さまに、「あいにくの雨で運が悪かったですね、天気だけはどうにもならないですからね」と慰めるのも愛想ではないか。

(3) 大学の卒業旅行で来たというお客さまに、「卒業はお寂しいでしょうが、今回のご旅行がよい思い出になりますね」と言うのも愛想ではないか。

(4) 預けてきた犬が心配というお客さまに、犬種や名前を尋ね、「家族のように心配してもらえるワンちゃんは幸せですね」と言うのも愛想ではないか。

(5) おいしかったと料理や食材を褒めてくれたお客さまに、「ありがとうございます。料理長に伝えましたら喜びます」とお礼を言うのも愛想ではないか。

3. 次はバッグ専門店のスタッフ緒方絵里が、お客さまに商品をすすめるときに言った言葉である。中から<u>不適当</u>と思われるものを一つ選びなさい。

(1) ショルダーバッグを探していると言うお客さまに、「お客さまは活動的なご様子ですので、リュックタイプもお似合いだと思います」

(2) 一泊用の旅行かばんを見比べているお客さまに、「少し大きめのほうが，ちょっとしたお土産なども入れられて便利ですよ」

(3) パーティー用のバッグを手に取って見ているお客さまに、「そちらは落ち着いたデザインですので、和洋の兼用ができますよ」

(4) バッグは洋服によって使い分けるというお客さまに、「それはもったいないですよ、どれにも合わせられるバッグがあるのですから」

(5) ビジネス用に使うバッグを探していると言うお客さまに、「最近はスマートフォンの収納ポケットがついているものがいろいろありますよ」

4. 井上優奈の勤務しているレストランは満席になることがしばしばあり、そのようなとき来店したお客さまには、待ってもらいたいと言うことが多い。このような場合、どのように言うのがよいか。中から<u>不適当</u>と思われるものを一つ選びなさい。

(1) 「申し訳ありませんが、少々お待ちいただけませんでしょうか。ただいまお席の状況をお知らせいたします」

(2) 「ご予約をいただいておくとよろしかったのですが、少しお待ち願えませんでしょうか」

(3) 「間もなく空くと思いますので少々お待ちいただけませんでしょうか。申し訳ございません」

(4) 「少々お待ちいただけませんでしょうか。あと10分以内にはご案内できるかと存じます。いかがなさいますか」

(5) 「申し訳ございません。すぐ空くと思いますがお急ぎでしょうか」

解答・解説

1. (5) 前に買った服のサイズとくらべても、購入の決定のアドバイスにならない。

2. (2) お客さまは旅行を楽しみにしているのだから、雨の日に「運が悪かったですね」や「天気はどうにもならない」などと慰めることは愛想ではない。

3. (4) 何種類ものバッグを持つことが楽しいというお客さまもいる。おしゃれをすることに、こちらからもったいないと言うことではない。

4. (2) 「予約をしたほうがよい」というのは押しつけがましい応対である。

「バイト敬語」に気をつけよう

　「バイト敬語」とは、アルバイトの人がよく使っている間違った日本語のことです。特にファミリーレストランやコンビニエンスストアの店員がよく使っているので、ふたつの頭の文字をとって「ファミコン言葉」とも言われます。代表的なものは次の通りです。

● 「○○になります」
　コンビニエンスストアなどで「こちらがレシートになります」という表現を聞いたことはないでしょうか。これは「バイト敬語」の一種で誤った日本語です。そもそも「なる」という動詞は変化を伴う言葉です。例えば「晴れからくもりになる（天気が晴れからくもりに変化している）」とは言うことができますが、「あちらがお手洗いになります」とは言えません。「あちら」が「お手洗い」に変化しなければならないからです。正しい日本語では「あちらがお手洗いです（お手洗いでございます）」「お手洗いはあちらです」と言います。要するに「○○です」や「○○でございます」に言い換えることができる「○○になります」は、誤った日本語ですので使わないように気をつけましょう。

● 「○○の方（ほう）」
　例えば「お水の方をお持ちいたしました」という表現。そもそも「方（ほう）」というのは方角や向きを示す言葉です。それ以外は使いません。例文をきちんとした表現に直すと「お水をお持ちいたしました」となります。

● 「○○でよろしかったでしょうか」
　例えば「ご注文は以上でよろしかったでしょうか」という表現。これは「よろしかった」という過去形が使われていますが、無意味な過去形です。正しくは「ご注文は以上でよろしいでしょうか」というように現在形で言います。

第5章

実務技能

この章では、1〜4章で得た知識をもとに、
実際にサービス業に従事する上で起こりうる
さまざまな状況での対応を確認します。
また、お客さまから苦情や相談を受けたとき、
お客さまをお迎えする環境を整備するとき、
金品の受け渡しや搬送・管理をするときの
具体的な対応の仕方や、
お祝い事やお悔やみ事など
社交儀礼に関する知識を深めましょう。

理解したら
check!

- ☑ 問題を処理する
- ☑ 環境を整備する
- ☑ 金銭の受け渡し
- ☑ 金品の搬送・管理
- ☑ 社交儀礼の業務

問題を処理する

Point

・ここでいう「問題」とは、お客さまからの苦情、
要望、依頼、問い合わせなどのこと。
・さまざまなケースの問題処理の仕方を知る。

どう対応？ レストランで、お客さまから
「注文した料理と違う」と言われた

Check!
a

注文したのはサーロイン
ステーキなんですけど。

Check! どう対応するのがよいか考えてみよう

☑ **a お詫びの言葉**：まず「申し訳ございません」と謝る。

☑ **対処**：「すぐに作り直します。少々お時間をいただけますで
しょうか」と提案する。

問題処理の基本

▲お客さまの立場になって対処する

お客さまからの苦情、要望、依頼、問い合わせに対処する際の基本は、的確に、また迅速に対処し、お客さまに不快な思いをさせないこと、そして、満足してもらうということです。そのためには、お客さまの表情や態度をよく見て、お客さまの気持ちをくみ取った行動ができなくてはなりません。ケースごとにポイントを確認しておきましょう。

ケース別対応のポイント

◆お客さまから苦情を言われたら……

まずは「申し訳ございません」とお詫びの言葉を述べます。たとえお客さまの勘違いであっても、言い訳や反論をせず、相づちをうちながら、真摯な態度で、まずはひと通り話を聞くようにしましょう。お客さまが話し終えたら対処の方法を提案し、承諾を得て、すばやくその手配をします。

◆お客さまが希望する商品の在庫が切れていたら……

まずは、すぐに商品を提供できないことを詫び、「入荷次第ご連絡を差し上げますが、いかがでしょうか」「代わりにこちらの商品はいかがでしょうか」といった提案をします。ここでのポイントは、お客さまの要望を満たすとともに、店としてはお客さまを逃さないよう、またご来店いただけるようにするということです。ただし、「入荷する頃にまたお越しください」という対応は、お客さま次第ということになり、適切とはいえません。

◆ルールを守らないお客さまがいたら……

禁煙エリアで喫煙をしている、携帯電話が禁止の場所で通話しているなどルールを守らないお客さまには、まわりのお客さまに配慮し、「恐れ入りますが、所定の場所でお願いできますでしょうか」「申し訳ございませんが、ご遠慮いただけませんでしょうか」などと伝えます。お客さま同士でトラブルにならないよう、必ずスタッフが伝えるようにします。

問題を処理する

○か×で答えながら、具体的な事例別の対応を学びましょう。
覚えたら☑にチェックを入れましょう。

問題	解答・解説
Q1 書店スタッフ 店頭で、お客さまが探している商品の在庫がなく入荷待ちだったので、「入荷する頃また立ち寄ってください」と言った。	**A ×** お客さま任せではなく「よろしければお取り置きいたしましょうか」などと積極的な提案をする。
Q2 ビュッフェレストランスタッフ 皿を落として割ってしまい「弁償する」というお客さまに、「ご心配はいりません。それよりおけがはございませんでしょうか」と言った。	**A ○** まずはお客さまのけがや衣服の汚れを気遣い、その後、割れた皿や床の片づけをする。
Q3 野菜売り場スタッフ 特売品目当てのお客さまから「今日は品切れが多すぎる」と言われたので、お詫びをした上で、代わりの野菜を提案した。	**A ○** お詫びをして終わりでなく、続けて代わりの商品を提案することがお客さまの立場に立った対応と言える。
Q4 レストランスタッフ 先輩から、「お客さまからの苦情で責任者を呼ぶように言われたら、自分が当事者でも謝らず責任者に任せたほうがよい」と言われた。	**A ×** すぐに責任者を呼ぶようにするが、その前に、当事者としてまずお詫びの言葉を述べる。
Q5 カメラ販売店スタッフ お客さまが希望する機種の在庫はないが、他の機種も気になっている様子だったので、その機種の特長などを説明した。	**A ○** お客さまが何を求めているのかを察し、提案することもスタッフの役割。
Q6 化粧品販売店スタッフ お客さまの希望の化粧品が品切れだったので、「入荷したら電話でご連絡したいので、電話番号を教えていただけないか」と言った。	**A ○** 品切れ時は、入荷したら知らせることなどを伝え、お客さまにまた来ていただけるようにする。
Q7 お客さま相談係 苦情を言うお客さまは気持ちが高ぶっているので、落ち着くまで何も言わず黙って聞く。	**A ×** 話を聞くことは基本だが、黙って聞くのではなく、相づちを入れるなどして同調を示すのがよい。
Q8 日用品売り場スタッフ 「先日購入したセール品がすぐに壊れた」と言われ、「金額が金額なので壊れやすかったかもしれない」と丁寧にお詫びをした。	**A ×** セール品だとしてもすぐに壊れるのは欠陥品。「金額が金額なので」などと言うのは不適切。

問題	解答・解説

Q9 コーヒーショップスタッフ

駅前通りで開店記念サービスのチラシを配ることになり、仕事帰りの人には「お仕事、お疲れさまでした」と話しかけるようにチラシを渡した。

A ○

チラシは、相手に受け取ってもらってこそ意味がある。相手を見て、言葉をかけながら渡すのがよい。

Q10 お客さま相談係

お客さまから苦情を受けたとき、最後に「ありがとうございました」「今後の参考にさせていただきます」と言っている。

A ○

苦情は今後に生かせる教訓と前向きにとらえ、謝罪を受け入れてもらったことのお礼をする。

Q11 販売店スタッフ

急に体調が悪くなったというお客さまに、症状について聞き、近くに病院があるが行くかどうかを尋ねた。

A ○

病院に行くことを希望されたら、行き方を伝え、必要であれば付き添いやタクシーの手配をする。

Q12 家電販売店スタッフ

修理の依頼を受けたら、まずは修理代の見積もりや出来上がりの予定日を伝え、お客さまがそれでもよいといったら修理を受け付ける。

A ○

修理を受けたら、修理品としてきちんと管理し、修理が済み次第、お客さまに連絡をする。

Q13 貸会議室スタッフ

お客さまから、会議開始直前に「机の配置を変えたい」と言われたが、間に合いそうもないので、「このままでお願いしたい」と伝えた。

A ✕

お客さまの要望に応えることが仕事。部屋を替えたり開始時間の変更を提案するのが適切。

Q14 カフェスタッフ

携帯電話通話禁止の店内でずっと電話をしているお客さまに「店内でのお電話はご遠慮願います」と書いたメモを渡した。

A ○

まわりのお客さまに配慮し、店のスタッフが注意する。

Q15 クリーニング店スタッフ

お客さまが「明日着る」というスーツを取りに来たが、お客さまの勘違いで仕上がりは明日の予定だったので、「明日来てほしい」と言った。

A ✕

預かるときに仕上がり日をきちんと確認しなかったことを詫び、お客さまの要望に応える方法をとる。

Q16 宝飾店スタッフ

持ち合わせがないといって商品の値引きを求めてきたお客さまに、値引きはできないが、クレジットカードでの支払いも可能だと提案した。

A ○

予算内のほかの商品を提案したり、値引きの代わりに付属品をサービスしたりするのもよい。

第5章

実務技能 ○✕でチェック！

環境を整備する

- 環境整備とは、お客さまに気持ちよく利用してもらうためにお店の空間を整えること。
- さまざまな環境整備の実例を確認する。

どう対応？ 美容室で、開店準備中のスタッフが窓の外を見て雨が降ってきたことに気がついた

> あっ、雨の中、来られるお客さまのために準備をしておこう

Check!
a

Check! どんな準備が必要になるか考えてみよう

- ☑ **a 傘の対処**：傘立てや傘カバーを準備する。
- ☑ **店内の環境整備**：床マットを用意する。
- ☑ **お客さま対応**：タオルを用意する。

■ 「環境整備」とは

▲ 快適な環境でお客さまをもてなす

　環境整備とは、**お客さまにとって気持ちよく、快適な空間をつくること**です。店内の清掃や整理整頓、道具などの手入れをすることや、空間のレイアウトや陳列の工夫をすること、その他、雨の日の対処も環境整備のひとつです。商品を提供するという直接的なサービスだけでなく、**整然とした清潔感のある環境**がお店の好印象につながります。

環境整備のチェックポイント

☑ 窓ガラスや鏡、陳列ケースは**常に磨いておく**。

☑ ゴミやほこりは定期的に掃除をするだけでなく、**目についたらすぐにきれい**にする。

☑ 化粧室はトイレまわりだけでなく、洗面台や鏡の**水滴の飛散**にも気をつける（化粧室はフロア以上に行き届いた清掃が必要）。

☑ 備品や調度品は、傷めないよう、**それぞれの材質などに合わせて手入れをする**（革製品は**乾いた布で拭く**、壁面の絵画のほこりは**筆で軽く払う**、など）。

☑ 観葉植物の葉は、時々**ぬれた布で拭き**、ほこりがたまらないようにする（ぬれた布で拭くと、いきいきしてと見える）。

　・照明器具は蛍光灯などが**切れていないか点検**し、**汚れ**にも気をつける（汚れは明るさにも影響する）。

　・店内だけでなく、**駐車場など周辺環境**にも気を配る。

☑ 商品は**見やすく並べ**、乱れたら**並べ直す**。

☑ パンフレットなどは、**手に取りやすい配置**を心がける。

☑ テーブルやカウンターのいすは、お客さまが帰ったら**元に戻す**。

まずは、どうすれば
お客さまが
快適に過ごせるか、
「気づく」ことが大事だね。

環境を整備する

○か×で答えながら、具体的な事例別の対応を学びましょう。
覚えたら☑にチェックを入れましょう。

問題	解答・解説
Q1 レストランスタッフ 定期的に化粧室を見回り、トイレットペーパーを補充し、洗面台や鏡に飛散した水滴を拭くようにしている。	**A ○** レストランの評価は料理だけではない。店全体が清潔であることも重要。
Q2 不動産会社スタッフ 観葉植物の葉は、ほこりがついていても気づきにくいので、曜日を決めて拭くようにしている。	**A ○** つい見落としてしまいがちなところは、定期的に清掃をする習慣をつけるとよい。
Q3 美容室スタッフ 鏡の汚れは目に付きやすいので、汚れに気づいたらすぐに拭くようにしている。	**A ○** 気づいたらすぐに清掃をすることが大事。
Q4 デパートスタッフ 店内のフロアはもちろん、壁や天井の汚れにも注意している。	**A ○** 見落としがちな細かいところまで気配ることが、店舗全体の気品やよい印象につながる。
Q5 レストランスタッフ 実際にはお客さまからは見えないが、バックヤードの清掃や整理整頓も怠らずに行っている。	**A ○** お客さまに見えないバックヤードの整備もスタッフの作業効率を上げ、迅速な対応につながる。
Q6 理髪店スタッフ 営業中は、暑すぎたり寒すぎたりしないか、お客さまの様子を見ながら室温を調整している。	**A ○** 室温の管理も、お客さまに快適に過ごしてもらうための環境整備のひとつ。
Q7 カフェスタッフ コーヒーを床にこぼしてしまったときは、水にぬらして固く絞った布で拭き取るようにしている。	**A ×** ぬらした布は水分を吸収しにくいため、乾いた布ですぐに拭き取るのがよい。
Q8 旅行会社カウンタースタッフ お客さまが帰られたら、いすをすぐに元の位置に戻すようにしている。	**A ○** 次のお客さまが利用するとき、いすが整っているときちんとした印象になる。

問題	解答・解説
Q9 文房具店スタッフ 商品はただ並べるだけでなく、ペンの試し書きコーナーを作るなど、お客さまが利用しやすいよう工夫している。	**A** ○ 陳列の仕方や工夫次第で見やすさや手に取りやすさが変わる。
Q10 レストランスタッフ テーブルだけでなく、いすの座面も拭き、時々テーブルやいすがガタガタ音がするようなことがないか確認している。	**A** ○ スタッフには、細かいところにも気づく繊細な気配りが求められる。
Q11 雑貨店スタッフ 気づいたときにすぐに掃除ができるよう、清掃用具を店内の目につきやすいところに置いている。	**A** × 清掃用具はお客さまにとっては目障りなので、目につかないところに置く。
Q12 雑貨店スタッフ ほこりがないように見えても、毎日羽根はたきをかけるようにしている。	**A** ○ 日頃から清潔感を保つようにすることが、店のよい印象につながる。
Q13 居酒屋スタッフ メニューが折れ曲がったり、べとついたりしないか、張り紙がはがれていないかをこまめに確認している。	**A** ○ 利用するお客さまの立場、目線で確認することで、不備に気づくこともある。
Q14 ブティックスタッフ 布張りのソファーの汚れは、専用のクリーナーを使って取るようにしている。	**A** ○ 備品などは、それぞれに適した方法で、傷めることなく手入れする方法を知っておく。
Q15 ファミリーレストランスタッフ 閉店後の清掃中に床が汚れていることに気づいたので、月1回入る清掃業者にそれを伝えるよう、スタッフに申し送りをした。	**A** × 店内の掃除はサービススタッフの仕事のひとつ。自分で処置できることは自分で行う。
Q16 自動車整備スタッフ 工場の工具類の置き場所が決められているが、意味が無いと感じるため無視している。	**A** × 他の整備スタッフも備品が取りやすくなり、工場全体の作業効率が高まる。

金銭の受け渡し

Point

・お客さまに代金をいただき、つり銭やレシート
（領収書）を渡すまでの流れを確認する。

・迅速に、丁寧に、そして正確に行うことが大事。

［どこがダメ？］ 書店のレジカウンターで、お客さまに
購入された本とつり銭を渡そうとしている

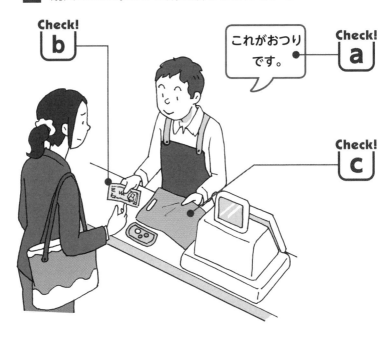

Check!
b

これがおつり
です。

Check!
a

Check!
c

Check! どこがNGか説明してみよう

☑ **a 言葉遣い**：丁寧さがなく、会計時にふさわしくない。

☑ **b つり銭の渡し方**：本とおつりを同時に渡している。

☑ **c 商品の渡し方**：片手で渡している。

金銭の受け渡しの流れ

▲着実にこなしトラブルを防ぐ

　金銭の受け渡しは、**お客さまを急かすことのないよう配慮しつつ**、迅速に、そして**間違いのないよう丁寧**に行います。

　以下の実例を通して、一連の流れや言葉遣いを覚えましょう。ただし、ただ覚えたとおりに事務的にこなすのではなく、**お客さま一人ひとりに合った対応**を心がけるようにします。

レジで会計をする

①金額を伝える
> お代金は 3,750 円でございます

②代金をいただく
お客さまに紙幣を見せながら言う。代金はつり銭を渡すまでレジにしまわずに、レジの上など見えるところに置く。
> 5,000 円お預かりいたします

> つり銭なしの金額をいただいたときは……
> 3,750 円ちょうど頂戴いたします

③つり銭を渡す
お客さまにも確かめてもらうために、紙幣は見せながら、また、小銭はカルトン（トレー）に広げ、両手で持って渡す。
> 先に 1,000 円と、次に 250 円のお返しでございます。お確かめください

④レシートや領収書を渡す
レシート（領収書）も両手で持って渡す。
> レシート（領収書）でございます

⑤商品を渡す
このときお辞儀をして、感謝の気持ちを表す。代金を収納する。
> またお待ちしております
> ありがとうございました

※クレジットカード払いの場合は、カードを**両手**で預かり、決済処理をする。お客さまに利用明細の金額を確認のうえ**署名**をお願いし、お客さまにカードとご利用控えとレシートを渡す。

金銭の受け渡し

○か×で答えながら、具体的な事例別の対応を学びましょう。
覚えたら☑にチェックを入れましょう。

問題	解答・解説
Q1 スーパーマーケットレジ係 お客さまにつり銭を渡すときは、お札を先に、その後、小銭を渡すようにしている。	**A ○** そのようにするとお客さまが財布にしまいやすい。
Q2 文具店スタッフ 代金をいただくとき、ちょうどの金額を渡されたら「○○円ちょうどいただきます」と言っている。	**A ○** 預かった金額や、「ちょうど」などとはっきり言うことで、間違いを防ぐことができる。
Q3 デパートレジ係 つり銭の紙幣を渡すときは、紙幣の向きをそろえ、両手で渡している。	**A ○** 丁寧な印象になる。あらかじめ、レジに紙幣の表裏をそろえて入れておくとよい。
Q4 スーパーマーケットレジ係 トイレットペーパーなどレジ袋に入らないものは、レジを通ったことが分かるよう、店のテープを貼ってよいかをお客さまに尋ねる。	**A ○** 購入後の商品はお客さまのものなので、テープを貼る場合は貼ってよいかを尋ね、外袋などに貼る。
Q5 歯科クリニックスタッフ 会計をし、つり銭とレシートを渡すときは、「お確かめください」と言っている。	**A ○** ただ渡すだけでなく、お客さまにもご確認いただき、間違いやトラブルを防止する。
Q6 雑貨店スタッフ お客さまから代金を預かったら、レジにしまってからつり銭を出すようにしている。	**A ×** いくら受け取ったのかわからなくなってしまうので、代金はつり銭を出してからレジに入れる。
Q7 書店レジスタッフ 会計時に「領収書をください」と言われたので、間違いのないよう「日付は何日にいたしますか?」と確認した。	**A ×** 日付は、領収書を発行する日付を書く。いつにするか確認することではない。
Q8 販売店スタッフ つり銭で小銭を渡すときは、1枚ずつ数えながらお客さまの手に載せる。	**A ×** 小銭はカルトンに広げるようにのせて渡す。また、1枚ずつ数える必要はない。

問題	解答・解説
☑ **Q9 家電量販店スタッフ** ☑ ☑ お客さまが購入した商品が 10 万円だったので、領収書に収入印紙を貼った。	**A** ○ 収入印紙は 5 万円以上の商品に貼り、消印をする。
☑ **Q10 レストランスタッフ** ☑ ☑ 伝票を預かるときは、笑顔で「ご利用ありがとうございました」と言い、頭を下げてから受け取っている。	**A** ○ 事務的に受け取るのではなく、心のこもった感じのよい対応を心がける。
☑ **Q11 病院窓口スタッフ** ☑ ☑ 会計時にお金の受け渡しをするときは、患者さんの顔を見ながらゆっくりと行い、「お大事になさってください」と言っている。	**A** ○ 病院では患者さんの気持ちに寄り添い、体調を気づかう対応をする。
☑ **Q12 レストランスタッフ** ☑ ☑ つり銭を渡すときに、汚れたお札はできるだけ使わないようにしている。	**A** ○ お客さまに最後まで気持ちよくサービスを利用してもらうための配慮である。
☑ **Q13 スーパーマーケットレジ係** ☑ ☑ お客さまにつり銭を渡すときは、作業のスピードを上げるために、お札と小銭を一緒に渡すようにしている。	**A** ✕ お札と小銭は別々に渡したほうが、お客さまは財布にしまいやすい。
☑ **Q14 コンビニエンスストアスタッフ** ☑ ☑ 小銭を探し焦っている様子のお客さまには「どうぞ、ごゆっくりなさってください」などと言っている。	**A** ○ 迷惑そうな表情などせず、落ち着いた雰囲気で待つのがよい。
☑ **Q15 デパートスタッフ** ☑ ☑ つり銭で紙幣が数枚あるときは、お客さまが確認しやすいよう少しずらして渡している。	**A** ○ 間違いやトラブルを防ぐ工夫のひとつといえる。
☑ **Q16 美容室スタッフ** ☑ ☑ 混雑で特に時間がかかってしまったお客さまには、会計時に「本日は大変お待たせしてしまい、申し訳ございませんでした」と言う。	**A** ○ 一言添えるだけで、お客さまが受ける印象が変わり、気持ちよく帰っていただける。

第5章

実務技能 ━ ○×でチェック！

金品の搬送・管理

※「金品の搬送・管理」の出題は2級中心

Point
・金品の取り扱い、管理の仕方を知る。
・包装・梱包や発送、送付状などの伝票作成について確認する。

どこがダメ？ 病院の窓口で、会計が済んだ患者さんにスタッフが診察券を返そうとしている

診察券です。

Check! **a**

Check! **b**

Check! **c**

Check! どこがNGか説明してみよう

☑ **a 言葉遣い**：気持ちがこもっておらず、冷たい印象。

☑ **b 態度**：お客さまのほうを見ていない。

☑ **c 診察券の返し方**：片手で持って返している。

金品の搬送・管理の基本

▲"お客さまの物"は丁寧に取り扱う

　金品の搬送・管理とは、商品やお金、またお客さまからの預かり物を運んだり管理したりすることです。お客さまが商品を購入するまでには、商品を運んで陳列したり、また、お客さまが希望する商品を取り出して見せるといった作業が発生します。その際のポイントは、**取り扱いに細心の注意を払い丁寧に扱う**ということです。なぜなら、それはお客さまが購入しようとしている"お客さまの物"であり、**大切に扱うことがお客さまへの心遣いとなる**からです。購入代金やおつり、お客さまから預かった上着や荷物、病院の診察券なども同様です。金品の受け渡しは両手で行うのが基本です。

▲購入後の包装、発送手続きなど

　購入品や贈答品の発送を依頼されたときは、商品に**破損や汚れがないか**を点検し、適切な方法で**包装・梱包**をします。そして、間違いのないように**発送の手続きを行う**ことも重要な仕事です。商品発送の手順を確認しておきましょう。

商品発送の手順

①お客さまに配達予定日を伝える。 — 配達日は 15 日の予定ですが、よろしいでしょうか

②お客さまに送り状を書いてもらう。 — こちらに、お届け先のお名前とご住所をご記入いただけますでしょうか

③内容を確認し、書きもれがあれば、お客さまに確認しながらスタッフが書き加える。 — ご記入、ありがとうございます。お届けの時間帯は午前中でよろしいでしょうか

金品の搬送・管理

○か×で答えながら、具体的な事例別の対応を学びましょう。
覚えたら▢にチェックを入れましょう。

問題	解答・解説
Q1 婦人服売り場スタッフ ご購入いただいた商品を包んで紙袋に入れ、紙袋の持ち手をお客さまが持ちやすいよう、紙袋の両端を両手で持ってお客さまに渡した。	**A ○** お客さまに金品を渡すときは、両手で持って渡すのが基本。
Q2 眼鏡店スタッフ 陳列してある眼鏡は、こまめにレンズを拭き、汚れがないようにしている。	**A ○** お客さまにいつでもきれいな状態で手に取ってもらうための商品管理といえる。
Q3 婦人服売り場スタッフ 商品の入ったダンボール箱を運ぶときは、その上に物を積まない。	**A ○** いずれはお客さまの手に渡る商品。箱がつぶれて型崩れなどしないよう、丁寧に扱う。
Q4 デパート売り場スタッフ お客さまから受け取った代金をお会計に持っていくときは、なくさないよう封筒に入れて移動する。	**A ×** カルトンにのせて移動し、つり銭もカルトンにのせてお客さまに渡す。
Q5 贈答品売り場スタッフ 商品を発送するときは、お届け予定日を伝え、お客さまに受け取り希望日や時間帯を聞いている。	**A ○** 商品がきちんと送り先に届くよう、発送手続きの流れや送り状の書き方を頭に入れておく。
Q6 家電量販店スタッフ お客さまが領収書を置き忘れて帰ってしまった場合は、すぐに連絡をしてお客さまに送る。	**A ○** 領収書は必ずお渡しするものなので、まずはお客さまに連絡し、お急ぎであれば速達で送るのがよい。
Q7 食器売り場スタッフ 商品を発送する場合は、破損しないように梱包に細心の注意を払い、緩衝材や詰め物で商品が箱の中で動かないようにしている。	**A ○** 壊れやすいもの、型崩れしやすいものの発送は特に梱包の仕方に注意する。
Q8 雑貨店スタッフ 商品を購入したお客さまには、ご自宅用か贈り物用かを尋ね、包装の仕方を変えている。	**A ○** 贈り物用の場合は、贈り物用の包装紙やリボンなどを使って包む。

問題	解答・解説
☑ **Q9 紳士服売り場スタッフ** ☑ ☑ お客さまが購入したスーツを発送するときは、きちんとたたんで見栄えよく箱に入れ、発送している。	**A** ✕ スーツの場合は、しわにならないよう、ふんわりとたたむなどの工夫が必要。
☑ **Q10 靴売り場スタッフ** ☑ ☑ お客さまが希望する商品を倉庫から持ってくるときは、キズや汚れなどがないか点検してからお客さまに渡す。	**A** ○ よい状態でお客さまに見ていただくことが、商品の取り扱いの基本。
☑ **Q11 贈答品売り場スタッフ** ☑ ☑ 贈答品を発送するときは、購入したお客さまに贈り先の受け取り人の都合を聞いてもらい、お届け日を調整する。	**A** ✕ この場合、お届け日を調整する必要はなく相手に聞いてもらうようなことはしない。
☑ **Q12 デパートレジ係** ☑ ☑ 売り場で代金を預かりお会計に持って行くときには、「○○円お預かりいたします。少々お待ちください」と言う。	**A** ○ 売り場とお会計が離れている場合の対応の仕方を把握しておく。
☑ **Q13 婦人服売り場スタッフ** ☑ ☑ お客さまが試着されるときに、お客さまの荷物をお預かりしたので、責任を持ってお預かりし、試着後に両手で持ってお返しした。	**A** ○ 商品やお客さまのものを大切に扱うという意識を常にもっていなくてはいけない。
☑ **Q14 歯科クリニック受付担当** ☑ ☑ 患者さまの来院の目的は歯の治療だが、予約をとったり、会計をしたりすることも大事な仕事だと考え、感じのよい対応を心がけている。	**A** ○ 治療そのものだけでなく、スタッフの対応の仕方も、お客さまがもつ印象を左右する要素といえる。
☑ **Q15 贈答品売り場スタッフ** ☑ ☑ 贈答品の送り状を書いてもらうとき、書きもれている箇所があるときはお客さまに尋ねてこちらで書き入れる。	**A** ○ 送り状は商品そのものと同等の大切なもの。雑に扱わずに不備がないようにする。
☑ **Q16 販売店スタッフ** ☑ ☑ 商品を箱に入れて搬送するとき、上下が逆さまになると破損の恐れがあるものについては、「天地無用」と書いている。	**A** ○ 「天地無用」は荷物の上下を逆さまにしてはいけない、という意味の注意書きである。

社交儀礼の業務

Point

・社交儀礼の業務とは、慶事や弔事などにかかわる対応のこと。

・慶事や弔事の種類やしきたり、マナーを知る。

[どう対応?] デパートの贈答品売り場で、お客さまから「知人の新築祝いの品」だと言われた

これ、知人に新築祝いとして贈りたいんですけど……。

かしこまりました。

Check!
a

Check! どう対応するのがよいか考えてみよう

☑ **a 声かけ**:「のしをおかけしますか?」と尋ねる。

（のしをかけると言われたら、上書きを確認する）

☑ **上書き**:「上書きは**御新築祝**でよろしいですか」と確認。

174

社交儀礼の業務とは

🔺 慶事や弔事に関する業務

　「慶事」とは結婚や出産などのお祝い事、「弔事」とは死亡などのお悔やみ事のことです。デパートの贈答品売り場や文具店などでは、お客さまから贈答のマナーや祝儀袋、不祝儀袋、のしについて尋ねられることがあります。あらかじめ知識をもっておくことで、自信をもってお客さまの対応ができます。

のし紙と祝儀袋・不祝儀袋の上書き

🔺 現金の包み方と水引の種類

　慶事や弔事に金品を贈る際には、贈答品には「のし紙」と呼ばれる包み紙をかけ、現金を入れる袋は「祝儀袋」、「不祝儀袋」を使います。それぞれ、使用する目的によって水引（飾りひも）や上書き（表面に書く文字）、現金の包み方が違います。まずは、水引と現金の包み方の基本を押さえておきましょう。

現金の包み方

新札（弔事では新札でないほうがよい地方もある）を半紙で中包みし、表中央に金額、裏の左わきに住所・氏名を書く。中包みを奉書（上質な和紙）で上包みする。

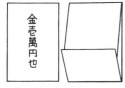

慶事の場合の中包み
文字は濃い墨で書く。
裏側は、下側を上に
重ねる。

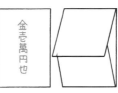

弔事の場合の中包み
文字は薄墨で書く。
裏側は、上側を下に
重ねる。

水引の種類

水引は本来、紙製のひもだが、印刷されている場合もある。慶事・弔事によって色と結び方が変わる（次ページ参照）。

慶事の場合の水引
色は紅白や金銀を用い、結び方は、結婚祝いの場合は「結びきり（イラスト左）」、その他は「蝶結び（イラスト右）」にする。

弔事の場合の水引
色は白か白黒（白が左）、銀白（銀が左）で、1本どりで「結びきり」にする。キリスト教式などで水引をつけない場合もある。

175

🔺 慶事の上書きと水引

「上書き」とは金封の上側に書く言葉です。目的によって書く文字が変わります。「蝶結び」の水引は、**何度繰り返してもよい祝い事**に使います。一方、「結びきり」の水引は、**一度きりでよい祝い事**に使います。慶事の場合、多くは「**蝶結び**」ですが、結婚祝いは一度きりがよいので「**結びきり**」を使います。

目的	上書き	水引
結婚	寿・御祝・祝御結婚	結びきり
出産	**寿・御祝・御出産御祝**	
初節句	**御祝・初節句御祝**	
入学から就職まで	**御祝・御入学祝・御卒業祝・御就職祝**	蝶結び
賀寿（長寿の祝い）	**寿・御祝・古稀御祝・祝米寿**	
本人からのお返し	**内祝・○○内祝**	※内祝いは結婚のお返しについては結びきり。

🔺 建築の祝い事

個人宅の**新築祝い**や、会社の**社屋建築にともなう儀式**などがあります。

●地鎮祭…建築工事にとりかかる前に、土地の神に工事の無事故を祈る儀式。

●上棟式…建物の骨組みができ、本格的な工事に入ることを祝う儀式。

●起工式…大規模な工事を始める際に行う儀式。

●落成式…建物の無事完成を感謝し、祝う儀式。

目的	上書き	水引
新築	御祝・祝御新築	
上棟式	**上棟祝・祝御上棟**	蝶結び
落成式	**落成祝・祝御落成**	

覚えておきたい六曜

「六曜」は「六輝」ともいい、日の吉凶を見るために用いられます。結婚式は「仏滅」の日を避け「大安」の日が好まれるなど、現在でも根強く生きている風習です。

●先勝（せんしょう・さきがち）……**午前が吉**、午後が凶とされる。
●先負（せんぷ・さきまけ）……**午前が凶**、**午後が吉**とされる。
●赤口（しゃっこう・しゃっく）……**正午が吉**、朝夕は凶とされる。
●大安（たいあん）……**万事に吉**。結婚式に選ばれる。
●仏滅（ぶつめつ）……**万事に凶**。結婚式は避けられることが多い。
●友引（ともびき）……「**友を引く**」という意味。**葬式はさける**。朝夕は吉。

🔺 季節の贈答の上書き

お中元、暑中見舞などの季節の贈答は、贈る季節・時期も覚えておきましょう。

上書き	時期	水引
御中元	7月初めから15日まで（地域によって違う）	
暑中御見舞	7月15日過ぎから立秋（8月7・8日あたり）まで	
残暑御見舞	立秋過ぎから8月中まで	蝶結び
御歳暮	12月1日から12月20日まで	
御年賀・御年始・賀正	1月1日から1月7日（または15日）まで	
寒中御見舞	松の内を過ぎてから、立春（2月4日あたり）まで	

🔺 日常の贈答の上書き

日常のさまざまな場面で贈答する場合の、上書きを覚えておきましょう。

目的	上書き	水引
転勤・栄転	御餞別・栄転御祝・祝御栄転	
退職・送別会	御餞別	
一般の謝礼	御礼・薄謝・謝礼	
祝儀・不祝儀を問わず、目下の人への謝礼	寸志	
他家を訪問するとき	粗品	
地域の祭礼の寄付	御祝儀・御奉納	蝶結び
交通費という名目で支払う謝礼	御車代	
転勤・送別・パーティー	記念品	
物（本など）を贈る	贈呈・謹呈（謹呈のほうが格上）	
母校に寄付品	寄贈	
社内旅行などへの差し入れ	御酒肴料	
賞金や寄付金などで「金額」を明示しないとき	金一封	

🔺見舞の上書き

「見舞」とは、病気や陣中（何かにとりこみ中で多忙な状況にある人）の元を訪問すること、またそのときの贈答品をさします。

目的	上書き	水引
病気やけが	御見舞・祈御全快	水引なしで上書きだけ・白封筒
見舞いのお返し	内祝・快気祝・全快祝・快気内祝	結びきり
災害火災見舞い	御見舞・災害御見舞・水害御見舞 類焼御見舞(よそからの火で自分の家が被災した人に) 近火御見舞(近所の火事で迷惑を受けた人に) 出火御見舞(火事を出した人に)	水引なしで上書きだけ・白封筒
励ましの見舞い(合宿所や大会(社外)に差し入れ)	陣中御見舞	蝶結び
選挙事務所に	陣中御見舞・祈御当選	
習い事の発表会	楽屋御見舞	
祈○○(社内に差し入れ)	祈必勝	

🔺弔事の上書き

葬儀などの弔事に用いる不祝儀袋の上書き、水引は、宗派などによって違います。間違えないよう注意が必要です。

目的	上書き	水引
仏式の葬儀・告別式・法要	御霊前・御仏前・御香料・御香典	結びきり
神式の葬儀・告別式・法要	御霊前・御神前・御玉串料・御榊料	結びきり
キリスト教式の葬式	御霊前・御花料・御花輪料	なし
カトリックの場合	御ミサ料	なし
香典返し（仏式・神式）	志・忌明・粗供養 x	結びきり
葬儀や法事でのお寺や僧侶へのお礼	御布施	結びきり

▲覚えておきたい弔事に関する用語

弔事に関する用語をきちんと覚えておくことで、急な問い合わせや相談にもスムーズに対応することができます。一般常識として知っておきましょう。

用語	意味
通夜	故人が家族と別れる最後の晩。供物は通夜に間に合わす。親しい人が出席する。
葬儀	遺族・親族などが故人と別れを告げる儀式。この後告別式。
告別式	故人にゆかりのあった人が別れを告げる儀式。
密葬	身内だけで内々に行う葬式のこと。
享年	死亡したときの年齢。
喪主	葬儀を行う際の代表者、名義人。
社葬	会社に功績が大きかった人が亡くなった場合に会社主催で行う葬儀。費用は会社負担。
葬儀委員長	社葬など、規模の大きな葬儀での代表者。
会葬（者）	葬儀に参列すること（参列する人のこと）。
弔問	死者の霊にあいさつし、遺族にお悔やみを述べるために訪問すること。
弔電	訃報に対して打つ電報。喪主あてに送る。
供物	神仏に供えるもの。宗教によって異なる。 仏式：お線香・果物・生花　神式：果物・酒・榊　キリスト教：白の生花
焼香	仏式の儀式。死者の霊に香を手向ける。
玉串奉てん	神式の儀式。榊の枝に紙片を付けた玉串を神前に捧げる。 根元を祭壇に向ける。
献花	キリスト教式の儀式。白の生花（カーネーション）を花を手前にして献花台に捧げる。
喪中（服喪）	死者の家族がある期間（一年間）喪に服し派手な振る舞いは慎むこと。
法要	一般に初七日、四九日をいう。
精進落とし	火葬の際行う慰労会、喪主が葬儀関係者に対してのお礼の意味の接待。
年回忌	仏式の行事。一回忌（一周忌）は満1年目。三回忌は満2年。 七回忌は満6年。十三回忌は満12年。
寄進	社寺に金品などを寄付すること。
奉納	神仏に対して、供物や踊り・音楽などを捧げること。

祝儀袋・不祝儀袋の贈り主の書き方

▲連名、グループで贈る場合

　祝い金、香典などを連名やグループで贈る場合の名前の書き方を確認しておきましょう。名前は袋の下の部分（水引の下）に書きます。

2名連名の場合
連名が袋の左右の中央にくるように、夫婦の場合は夫を**右**、妻を**左**にして、また役職の異なるふたりの場合は役職が上の人を**右**、もうひとりを**左**にして書く。

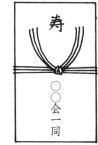

グループの場合
袋の左右の中央に、「○○会一同」などと書き、紙に全員の名前を書いて袋の中に入れる。

複数名の場合
袋の左右の中央に代表者の名前を書き、その左側に「外一同」と書き、紙に全員の名前を書いて袋の中に入れる。

式に参加するときの服装

▲慶事の服装

　パーティーなどに参列する場合の服装は、**スーツ**が基本です。普段着ではなく、服装を整えて参列することが、礼を尽くすということになります。パーティーの形式や時間帯によっては、よりフォーマルな服装で臨むことが求められる場合があります。また、お客さまから服装について尋ねられたとき、接遇者としてアドバイスできるようにしておきましょう。

午前及び昼間	午後(日没後)や夜間	その他
モーニング	燕尾服・タキシード	略式はブラックスーツ・平服ともいう
アフタヌーンドレス	イブニングドレス	和装は正装:振袖／留袖　略式は訪問着

▲弔事の服装

通夜や葬儀に参列する場合は、**ダークスーツ、黒や紺の地味なワンピースやスーツ**が基本です。化粧やバッグなどの小物のマナーにも気をつけます。

通夜（喪服でなくてよい）	葬儀や告別式	その他
ダークスーツ	正式：モーニング 略式：略礼服や黒めのダークスーツ	————
地味な色のワンピースやスーツ	黒や紺の地味なワンピースやスーツ	厚化粧、アクセサリー、派手な色のマニキュアは避ける。結婚指輪と一連の真珠のネックレスはつけてもよい。バッグや靴も黒色で。

ワイシャツは白

ブラックスーツ、またはそれに準ずる濃紺やダークグレーのスーツ

ネクタイは黒

靴は黒

化粧は控えめにする

アクセサリーは一連の真珠のネックレスのみつけてよい。イヤリングなどその他アクセサリーはしない

黒や紺のワンピースやスーツ

バッグは光沢のない黒のハンドバッグ

靴は黒で、ストッキングは通夜の場合は黒か肌色、葬儀や告別式の場合は黒

社交儀礼の業務

○か×で答えながら、具体的な事例別の対応を学びましょう。
覚えたら☑にチェックを入れましょう。

問題	解答・解説
Q1 デパート贈答品売り場スタッフ 友人に出産祝いをいただいたお礼を贈りたいというお客さまに、のしの上書きは「内祝」だと伝えた。	**A** ○ 併せて、お客さまには「おめでとうございます」とお祝いの言葉をかけるとよい。
Q2 文具店スタッフ 退職する人への餞別を総務課のスタッフ全員で贈りたいというお客さまに、その場合の上書きは「総務課一同」と書くとよいと伝えた。	**A** ○ 上書きは「総務課一同」とし、祝儀袋の中に全員の氏名を書いた紙を入れる。
Q3 企業事務スタッフ 上司から、「この請求書を発送してほしい」と言われたので、封筒の表に「請求書送付」と書いて送付した。	**A** × 「請求書在中」と書く。封筒の中身を宛名面に書き示すときは「○○在中」と書く。
Q4 文具売り場スタッフ お客さまから、キリスト教式の葬式に持っていく不祝儀袋の上書きはどうしたらよいかと尋ねられたので「御花料」がよいと答えた。	**A** ○ キリスト教式は「御花料」。仏式の場合は「御霊前」「御香典」「御香料」などとする。
Q5 雑貨店スタッフ 祝儀袋を買いに来たお客さまから「出産祝いにはどの水引のものがよいか」と尋ねられ、「蝶結びがよい」と答えた。	**A** ○ 何度あっても嬉しいことには「蝶結び」、一度でよいことには「結びきり」の水引を使う。
Q6 宴会場予約スタッフ お客さまから、上司の昇進・転勤を祝う会の宴会名を相談されたので、「栄転を祝う会」はどうかと提案した。	**A** ○ 今までより高い役職に就き転任することを「栄転」という。
Q7 文具店スタッフ 災害に遭った知人に現金を贈りたいというお客さまに、水引のない白封筒に、上書きは「御見舞」として贈るとよいと答えた。	**A** ○ 災害、病気やけがの御見舞いを贈るときには白封筒を使用する。
Q8 デパート贈答品売り場スタッフ 1月中旬に「少し遅くなってしまったが御年賀の品を贈りたい」といって訪れたお客さまに、その場合は「寒中御見舞」がよいと伝えた。	**A** ○ 「松の内」と呼ばれる元日から七日（または十五日）を過ぎてからは「寒中御見舞」とする。

問題	解答・解説
Q9 文具店スタッフ 祖母の70歳のお祝いに贈る祝儀袋の上書きについて尋ねられ「祝喜寿」としてはどうかと答えた。	**A ✕** 70歳の場合は「祝古稀」。その他「寿」「祝御長寿」「祈御長寿」でもよい。「喜寿」は77歳のお祝い。
Q10 バッグ売り場スタッフ お客さまから、葬儀に参列するときに持つバッグはどうしたらよいかと尋ねられ、シンプルな黒のエナメル革のバッグをすすめた。	**A ✕** 光沢のあるエナメル革のバッグやショルダーバッグはフォーマルな装いとはされない。
Q11 文具店スタッフ お客さまから、葬儀の形式が分からないのだが不祝儀袋の上書きはどうすればよいかと尋ねられ、「御霊前」がよいのではと答えた。	**A ○** 「御霊前」は、仏式、神式などどの宗教にも使える上書き。
Q12 生花店スタッフ 入院見舞いの花を買い求めにきたお客さまに、退院してからも飾れるように、鉢植えの蘭の花をすすめた。	**A ✕** 根が付いている鉢植えの花は、「寝付く」の意味に重ねられるため入院見舞いには不適当。
Q13 デパートスタッフ お歳暮を贈るというお客さまに、のし紙は「蝶結び」で、あいさつ状も同封するとよいと伝えた。	**A ○** 品物だけでなく、あいさつ状も同封すれば、より丁寧で相手に気持ちが伝わる。
Q14 ギフト売り場スタッフ お客さまから「入院中に見舞いをもらった人にお礼がしたい」と相談されたので、上書きは「返礼」がよいと答えた。	**A ✕** 入院見舞いのお返しは「快気祝」「全快内祝」などが一般的。
Q15 生花店スタッフ 法要で仏前に供える花を買い求めにきたお客さまには、菊の花をすすめた。	**A ○** 菊は仏花として定着している。蓮や百合でもよい。
Q16 贈答品売り場スタッフ お客さまから「お世話になった知人に何か贈りたい」と相談されたので、贈る相手の年齢や好み、会う頻度などを聞いた。	**A ✕** 会う頻度は、贈り物選びには関係がなく、個人的なことなので、聞く必要はない。

第5章

実務技能■○×でチェック！

実務技能

実際の検定試験と同じ形式の「選択問題」にチャレンジしてみましょう。

3級 問題

1. スーパーマーケットレジ係の植村かなえは、お客さまから、買った品をレジ袋に入れなくてもよいと言われたとき、レジを通ったものであることが分かるように店専用のテープを貼っている。次はそれぞれの品へのテープの貼り方である。中から<u>不適当</u>と思われるものを一つ選びなさい。

(1) すぐに使うという傘の場合は、柄に、はがしやすいようにして貼る。

(2) 帯が付いている本の場合は、帯に貼る。

(3) 箱入りの菓子の場合は、箱の開け口を避けて貼る。

(4) おもちゃのぬいぐるみの場合は、値札のタグに貼る。

(5) 電池2個の場合は、分かりやすいように、それぞれに貼る。

2. 書店スタッフの小林亮太は、お客さまから書籍名を言われ、置いてあるかと聞かれたが、その書籍は売り切れで入荷を待っているところである。入荷日ははっきり分からない。このような場合、小林はお客さまに品切れしていることを詫びた後、どのように言うのがよいか。中から<u>不適当</u>と思われるものを一つ選びなさい。

(1) 「入荷日がはっきりしませんので、また立ち寄ってみていただけますか」

(2) 「入荷待ちですので、よろしければ入荷次第取り置きいたしましょうか」

(3) 「お急ぎでしたら、入荷日を問い合わせてみますがいかがですか」

(4) 「入り次第連絡いたしますので、ご連絡先をお聞かせいただけますか」

(5) 「入荷日を問い合わせておきますので、分かり次第ご連絡いたします」

3. 文具店スタッフの斉藤恵子は、お客さまから「仏式の葬儀のお香典に使いたいが、どのような上書きのものがよいか」と尋ねられた。中から<u>不適当</u>と思われるものを一つ選びなさい。

(1) 御花料
(2) 御霊前
(3) 御仏前
(4) 御香料
(5) 御香典

4. 美容室スタッフの福田健介は、「開店10周年記念特別割引」のチラシを配ることになった。そこで福田は、仲間のスタッフと一緒にどのようにしたら効率よく配ることができるか話し合った。中から<u>不適当</u>と思われるものを一つ選びなさい。

(1) ポケットティッシュの裏にチラシを折りたたんで入れて、「よろしくお願いします」と言って渡すようにしたらどうか。
(2) 「お友達にも知らせてください」と言いながら、2、3枚くらいずつ渡すようにしたらどうか。
(3) 駅前やスーパーマーケットの前に止めてあるバイクや自転車のかごに入れておくようにしたらどうか。
(4) 普段、美容室で着用しているロゴ入りのエプロンをして、3、4人並んで威勢よく配ったらどうか。
(5) チラシを差し出しながら、「特別割引です、ご利用くださいませ」と元気よく言って渡したらどうか。

解答・解説

- -

1. (2) 購入後にお客さまが使用するにあたり、差し障りがないところに貼ることがポイント。書籍の帯は商品の一部であり、テープを貼るとうまくはがせない可能性もあるので貼らない。
2. (1) 品切れはこちらの都合なので、お客さまに手間をかけないようにする。
3. (1) 「御花料」はキリスト教式の葬儀のときに使用する上書き。
4. (3) チラシは直接渡すのが効果的。バイクや自転車のかごに入れるのは不適切。捨てられて地面に落ちていると印象が悪くなる。

実務技能

実際の検定試験と同じ形式の「選択問題」にチャレンジしてみましょう。

2級 問題

1. レストラン勤務の鈴木加奈が女性のお客さまを席に案内したところ、隣の子ども連れの客が騒がしくなりそうなので、ほかの席にしたいと言われた。あいにくほかの空席はない。このような場合、どのように言うのがよいか。中から<u>不適当</u>と思われるものを一つ選びなさい。

(1) ほかの席が空いたら移ってもらうことにして、こちらの席でお願いできないかと言う。

(2) 騒がしくなったらわたしのほうで静かにしてもらうように言うので、こちらの席でお願いできないかと言う。

(3) ほかに空席はなく、今は騒がしくはないので、申し訳ないがこちらの席でお願いできないかと言う。

(4) 騒がしくなったら、静かにするように直接言ってくれてかまわないので、こちらの席でお願いできないかと言う。

(5) どうしてもということであれば、申し訳ないが、ほかの席が空くまで少しお待ち願えないかと言う。

2. デパートの贈答品売り場スタッフの青木陽子は、ある日、世話になった人にお礼の品を贈りたいというお客さまの応対をした。次は、このとき青木がお客さまに尋ねたことである。中から<u>不適当</u>と思われるものを一つ選びなさい。

(1) どのような世話になったのか。

(2) 予算はどれくらいか。

(3) のし紙はつけるか。

(4) 相手の家族構成は分かるか。

(5) どのような品を考えているか。

3. 人材派遣会社の太田和也は、葬祭場で葬儀の受付を担当することになった。次はそのときチーフから、心得として指導されたことである。中から不適当と思われるものを一つ選びなさい。

(1) 会葬御礼は、丁寧にお辞儀をして渡すこと。

(2) 会葬にはいろいろな人が来るが、受付では特に会葬者を区別して対応をする必要はない。

(3) 会葬者との受け答えは、どのようなことでも声は小さめにしてしめやかな感じですること。

(4) 葬祭場で葬儀の仕事はするが、自分たちは親族ではないので、「お忙しいところをありがとうございました」といった言葉はかけないほうがよい。

(5) 受付には責任者がいるので、責任者の補佐をするつもりで受付の仕事をすること。

4. 販売店スタッフの羽田久美は先輩から、よいお客さま応対とは、お客さまの気持ちをくみ取ってそれに応じることだと教えられた。次は、その教えに従って行ったお客さま応対である。中から不適当と思われるものを一つ選び答えなさい。

(1) 探してはいるが、気に入ったものがないといった様子のお客さまに「どのようなものでしょうか。お探しいたします」と声をかけた。

(2) 鏡の前でセーターを体に当て、似合っているので満足そうな表情をしているお客さまに、「お似合いですね」と言った。

(3) いろいろある中の一つを選んで手に取ったお客さまに、「そちらでよろしいですか。ほかにもございますよ」と言った。

(4) 店内に入ろうか、どうしようかと迷っているらしいお客さまが目に留まったとき、そばに行って「お気軽にどうぞ」と声をかけた。

(5) ショーウインドーを見ていたお客さまが、店内の様子も見ようとしてのぞいたとき、笑顔で軽く頭を下げて応じた。

解答・解説 -

1. **(4)** お客さまの要望に応えるよう配慮し、もし騒がしくなった場合は、お客さまではなくスタッフが子ども連れのお客さまに言う。

2. **(1)** 贈り物を選ぶのに必要のない情報。必要以上に立ち入ったことを尋ねると、お客さまが不快に思うこともある。

3. **(4)** 親族でなくても、葬儀に携わる関係者として、会葬のお礼の言葉を言う。

4. **(3)** お客さまが選んだ品を否定しているともとられる失礼な言い方である。

検定試験記述問題対策

　検定試験では、3級、2級とも、「対人技能」「実務技能」の領域区分で記述問題が出題されます。正解するためのポイントを押さえておきましょう。

対人技能 3級

　丁寧な言葉遣いに直す問題が出題されます。敬語は、誰の動作なのかをしっかり見きわめ、尊敬語、謙譲語を使いわけましょう。

（例題1）
下線部分を、意味を変えずにお客さまに言う丁寧な言い方に直しなさい。
(1) 今日注文すると、あさってには入荷する。
　　 a　　　　　　　　b　　　　　　c
(2) お店に来てくれたのに、在庫がなくてすみません。
　　　　 a　　　　　　　　　　　　　　　　 b
（解答例）

	a	本日
(1)	b	明後日（みょうごにち）
	c	入荷いたします
(2)	a	お越しくださいました／お越しいただきました
	b	申し訳ございません

（例題2）
次の言葉を、意味を変えずにお客さまに言う丁寧な言い方に直しなさい。

「席の予約はしているか」

（解答例）

> 「お席のご予約は頂いておりますでしょうか」
> または「お席のご予約は頂戴いたしておりますでしょうか」

対人技能 2 級

　2級でも3級と同様に丁寧な言い方に直す問題が出題されていますが、3級では短い言葉や一文であるのに対し、2級ではより長い文章の言い換えとなります。p.118～129の内容をよく理解しておきましょう。

（例題1）
次の言葉を、お客さまに言う丁寧な言い方に直しなさい。
（1）「連れの人はどこにいるか」
（2）「二人ですか」

（解答例）

(1)	「お連れさまはどちらにおいででしょうか」 または「お連れのかたはどちらにいらっしゃいますか」など
(2)	「お二人さまでいらっしゃいますか」など

（例題2）
図書館勤務の古池涼子は、館内のお客さまに閉館のアナウンスをすることになった。次の内容を、お客さまに言う丁寧な言い方に直しなさい。
今日は来館してくれてありがとう。利用中のところとてもすまないが、もうすぐ閉館の時間だ。帰りの出口付近は混み合うことがあるので、気をつけて帰ってくれるようお願いする。

（解答例）

> 本日はご来館いただきましてありがとうございます。ご利用中のところ誠に恐れ入りますが、まもなく閉館のお時間でございます。お帰りの際は、お出口付近は混み合うことがございますので、どうぞお気をつけてお帰りいただきますようお願い申し上げます。

実務技能 3 級

　3 級では、イラストで示された一場面を見て、どこがおかしいのか、またどうするべきかを記入する問題が出題されます。ここでは、サービススタッフとしての観察力や問題処理能力が問われます。第 1 章から第 5 章までの内容を、総合的に理解しておく必要があります。「何が」「どう間違っているか」を明確に答えましょう。

（例題）

次は、レストランスタッフの浅野郁美が、席へ案内したお客さまに「いらっしゃいませ」と言ってお冷やを出している絵である。お客さまが浅野を見て、①不愉快そうな顔をしているがなぜか。②お客さまにお冷やを出す出し方は、どのようにするのがよいか。それぞれ回答欄に記入しなさい。

（解答例）

①	浅野がグラスの口をつけるところに手をつけて持っている。
②	グラスの中ほどを持って出すようにする。

実務技能 2 級

　2 級では、3 級と同様にイラストを見て答える問題と、ほかに「掲示文」を作成する問題も出題されます。セールやサービス内容の変更、臨時休業のお知らせなど、サービス業では、お客さまへのお知らせを掲示する場面が多くあります。以下のポイントを押さえておきましょう。

①宛名：誰に対するお知らせか

　　［例］お客さま各位、ご利用者各位、患者さま各位など

②タイトル（表題）：掲示内容を簡潔に知らせる

　　［例］○○のお知らせ、○○のご案内、○○ご協力のお願いなど

③お知らせ内容：要点を押さえ、分かりやすい言葉遣いで

④掲示主：誰からのお知らせか

　　［例］○○店 店長、店長

（例題）

　松本悠太の勤務しているレストランでは、毎月第 1 金曜日を感謝デーとして、無料で食後のコーヒーをお出しすることにした。松本は先輩から、「このことをお客さまに知らせ、利用してくれることを待っている、という掲示文を作るように」と言われた。この場合の適切な掲示文を書きなさい。

（解答例）

> お客さま各位
> ## コーヒー無料サービスのお知らせ
>
> 当店では、毎月第 1 金曜日をお客さま感謝デーとして、
> 食後のコーヒーを 1 杯無料でお出しすることにいたしました。
> 当店自慢のコーヒーをぜひお召し上がりいただきたく、
> 多くのお客さまのご来店をお待ち申し上げております。
>
> 　　　　　　　　　　　　　　　　　　　　　　　店長

身に付けたい"大人の言葉遣い"

　本書の第4章（p.118〜127）で、サービス業に携わるスタッフとして最低限知っておきたい接遇用語や敬語について確認しましたが、言葉遣いは相手（お客さま）に与える印象を大きく左右するものです。お客さまに「感じのよい応対」と思っていただくために、相手の気持ちを察する観察力や行動力はもちろん大事ですが、まずは"大人の言葉遣い"を意識してみるとよいでしょう。

　特に、社会人になって間もない若い人が気をつけたいのが「若者言葉」です。「若者言葉」とは、若者の間では通じるけれど、上の年代の方には通じない言葉で、「マジ」「ヤバイ」「〜じゃん」といった表現が代表例です。仕事の際には、相手にきちんと伝わり、なおかつ丁寧な言葉遣いが求められますから、これらの若者言葉を使うことは不適切です。

　また、若者言葉の中には、日本語として正しくないものもあります。例えば「何気に」という言葉。「この商品、何気に人気なんです」という風に、ついつい使ってしまいますね。しかし、「何気に」は間違った日本語で、正しくは「何気なく」という「実は」「意外と」という意味の言葉です。すっかり浸透していて、一見正しいと思われる言葉であっても、正しくない場合がありますので、気をつけなくてはなりません。

　若者言葉の一種である「ら抜き言葉」も注意が必要です。例えば「食べられる」という言葉から「ら」を抜いて「食べれる」と言ってしまう。これが「ら抜き言葉」です。これらの「若者言葉」を仕事の場面で使っていると、相手に未熟で幼い印象を与えてしまいます。

　言葉遣いは自分が過ごしてきた生活環境の中で身に付いたもので、間違っていることに気づかずに使い続けていることもあるかもしれません。自分が使っている言葉を今一度チェックしてみましょう。

サービス接遇検定 準1級 面接試験対策

準1級にも挑戦しましょう。準1級は面接試験ですから、2・3級で学んだ内容が、文字通り「身に付いたかどうか」確認ができます。どのような審査基準で、どのような課題が出されるのか、本章で理解しましょう。その上で、しっかり練習をして本番に臨みましょう。なお、2・3級を合格していなくても受験できます。
2級と準1級合格で「準1級合格」、
準1級のみ合格は「ロールプレイング合格」となります。
（詳細は公式HPへ）

理解したら check！

- ☑ 審査の流れ
- ☑ 審査の基準
- ☑ 3つの課題内容
- ☑ 直前チェックシート

面接試験の概要

Point
- 「試験の流れ」を理解する。
- 入室から退室までの動きを理解し、自然に動けるようにする。

[確認しよう！] 準1級面接試験、
面接室に入室前の風景です。

緊張するけど
笑顔で最後まで頑張ろう

Check! まず、試験について理解しましょう

- ☑ 全体の流れが理解できているか。
- ☑ 「ロールプレイング」を理解しているか。
- ☑ 入室から退室まで審査されていると考える。

194

試験の流れ 　所要時間（1組あたり10分）

試験は、受験者の「ロールプレイング」を審査します。「ロールプレイング」とは、与えられた役割を演じる事です。感じのよいスタッフになり切りましょう。

● 入室

指定された3人1組で順番に入室します。面接室に一歩入って「**失礼いたします**」と言い、お辞儀をします。**入室から審査されていると考えて、この時から笑顔と丁寧な立ち居振る舞いを心がけましょう。**

荷物を荷物置場に置いたら、指定された椅子に座ります。

● 第1課題 基本言動

「あいさつ」と「4つの課題」を行います。（P.202-203参照）

● 第2課題 接客応答

「2つの課題」を行います。（P.204-205参照）

● 第3課題 接客対応

売り場のスタッフになりきって野菜を売ります。（P.206-207参照）

● 退出

課題が終わったら「ロールプレイングアドバイスシート」を両手で受け取ります。少し下がって審査員3名に「**ありがとうございました**」と感謝の意を伝えてお辞儀します。荷物を持ったら、ドアの前で「**失礼いたします**」と言ってお辞儀をします。ドアを開けて、退出します。審査員が見えなくなるまで、審査されていると思って、**最後まで気を抜かないようにしましょう。**

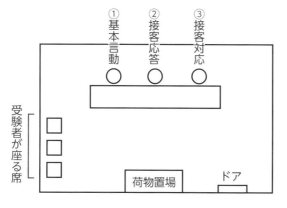

※細かいレイアウトは
　会場によって異なる
　可能性があります。

面接試験の審査のポイント

Point
・審査のポイントを理解する
・「明るさ」や「感じの良さ」の必要性を理解する

確認しよう！　面接室のドアが開きました。
さあ、元気よく入室しましょう。

失礼いたします

Check!　以下のポイントをチェックしましょう。

☑ 審査の基準を理解しているか

☑ 「明るさ」や「感じの良さ」の表現方法を理解し、実際に表現
できるか

審査のポイントについて

審査のポイントは以下の通りです。（一部、主催者公式サイトより引用）

このページでは、審査のポイント一つひとつ理解しましょう。

① 親近感……態度や言い方など全体の印象に親しみを感じる

お客さまから見て、「この人は声を掛けやすいな」「身近に感じられるな」と思ってもらえる、**やさしそうな印象**を、態度や話し方で表現します。逆に、話し掛けづらい、冷たい印象は NG です。

② 愛嬌……表情や所作に人に好感を与えるものがある

お客さまから見て、「この人から商品を買いたいな」「わくわくするな」と思ってもらえる、サービス精神旺盛で**明るく、楽しそうな印象**を、態度や話し方で表現します。逆に、暗い印象や、面倒くさそうな態度は NG です。

③ 表情……人を和ませる表情（笑み、親しみが顔に表れている）

表情は、その人の気持ちを顔で表現したものです。面接では、お客さまから見て、感じのよい表情、つまり「**笑顔**」をキープします。（笑顔のポイントは次ページ）

不機嫌そうな表情や無表情は NG です。また、ふとした瞬間真顔に戻らないようにしましょう。

④ 振る舞い……接遇の動作に信頼できるものが感じられる

お客さまから見た「感じのよさ」を丁寧な所作で表現します。例えば、**丁寧なお辞儀**を行い、お客さまの前では「**前傾姿勢**」をキープします。歩いたりする際も**テキパキ動く**ことで「お客さま第一」の気持ちを表します（詳しくは 198 ページ）

逆に、丁寧さを感じない動作や、だらだらした動作は NG です。

⑤ 言い方… … 言い方に丁寧さと謙虚さが感じられる

まずは、**丁寧な言葉づかい**が基本です。その上で、気持ちをしっかり伝えられるように**抑揚**をつけましょう。お客さまが**聞きやすいテンポと声の大きさ**で話すようにします。逆に、丁寧さに欠ける言葉づかいや話し方、気持ちがこもっていない言い方、だらしない話し方、早口すぎる話し方は NG です。

⑥ 物腰… … 人に接する態度に柔らかさが感じられる

「**物腰**」とは、人と接するときの身のこなしや態度のことを言います。立ち姿勢は「**前傾姿勢**」を基本として、丁寧で謙虚な印象を所作や言い方で表現しましょう。また、**お客さまを立てる接し方・言い方**を実践します。

逆に、"上から目線"でえらそうな態度、気取った態度、お客さまを軽く扱うような態度は NG です。

表情・話し方

▲表情

　表情は明るく親しみやすい「笑顔」が基本です。「笑顔が表現できなければ合格できない」と言っても過言ではありません。入室から退室まで、笑顔をつねにキープしておきましょう。

　笑顔のポイントは次の2つです。

①目尻が下がっている

②口角が上がっている

口角が下がると、
怒っているよう
に見える

　お客さまから見て、自然な笑顔になっているかどうか鏡などを使ってしっかり確認してみましょう。

▲話し方

①明るくハキハキ発音する

　　明るい印象と、聞き取りやすいハキハキした発音にするために、**口を大きく開きます**。母音（あ・い・う・え・お）を発音するときの口の形を意識して開くとよいです。

　　すると、表情も自然と明るくなります。

②言葉に感情を込める

　　審査員をお客さまだと思って話します。課題で示された言葉は、ただ読み上げるのではなく、**感情を込めて表現**しましょう。棒読みにならないよう、**抑揚をしっかりつけましょう**。

③早口にならないよう注意

　　早口は、急いでいて落ち着きのない印象を与えます。お客さまに合わせた**穏やかな話し方**を心がけましょう。人は**緊張すると早口になりがち**ですので、しっかり呼吸をして、ゆっくり目に話すよう心がけるとよいでしょう。また、語気が強くなったり、だらしない話し方になったりしないよう注意してください。

立ち居振る舞い

▲歩き方

　歩くときは**背筋を伸ばし、テキパキと移動しま**しょう。

　目線は進む方向の正面をみて、堂々と歩きます。

　腕は力まず、自然に振りましょう。

▲立ち姿勢

　p.131 のイラストが基本ですが、**審査員の前に立ったら前傾姿勢**を心がけます。

　手は前で重ね、へその高さでキープするとよいでしょう。（手の位置は横でも OK です）

● 前傾は**腰から曲げる**　　　　● 右手を左手で包み込む
● 指はそろえる

約5度

▲お辞儀

　p.132 のイラストと説明を理解して、自然に行えるように練習しておきましょう。
言葉を言い終わってからお辞儀をする「**分離礼**」は丁寧な印象を与えます。**試験中
は分離礼を意識して行ってください。**

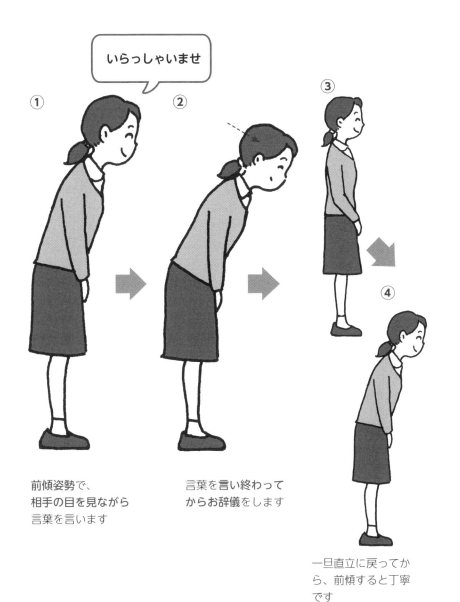

いらっしゃいませ

① ② ③ ④

前傾姿勢で、
相手の目を見ながら
言葉を言います

言葉を**言い終わって**
からお辞儀をします

一旦直立に戻ってか
ら、前傾すると丁寧
です

第1課題 「基本言動」

Point
・「基本言動」の流れを理解する
・「あいさつ」と「4つの課題」のポイントを押さえたロールプレイングが行える

[確認しよう!] まず、あいさつと第1課題「基本言動」です。

面接番号7番　佐藤ゆかりと申します
よろしくお願いいたします

Check! 以下のポイントをチェックしましょう

☑ 目の前の審査員をお客さまに見立て演技できるか

☑ 「あいさつ」の台詞と仕方を理解できているか

☑ 「4つの課題」のポイントを理解して実践できるか

■ 第1課題 「基本言動」

自分の面接番号を呼ばれたら、「はい」と元気よく返事をして、「基本言動」の審査員の真正面に立ちます。

▲ あいさつ

審査員の前に立ったら、**前傾姿勢**をして、「面接番号〇〇番、佐藤 ゆかり（フルネーム）と申します。よろしくお願いいたします」と**言い終わってから**、お辞儀（30度 敬礼）をします。

▲ 4つの課題

審査員が課題が書かれたパネルを1枚出すので、**パネルの内容を確認します**。内容を確認出来たら「はい」と合図をしてください。合図をするとパネルが下がるので、**課題に沿ったロールプレイング**をします。

「基本言動」課題は、以下の4つです。（全員共通）

① 「いらっしゃいませ」

「いらっしゃいませ！」と言ってから、お辞儀（30度 敬礼）をする
→「当店によく来てくださいました」という**歓迎の気持ち**をしっかり表現しましょう。

② 「ありがとうございました」

「ありがとうございました！」と言ってから、お辞儀（45度 最敬礼）をする
→「当店を利用してくださり有難いです」という**感謝の気持ち**を表現しましょう。

③ 「はい、承知いたしました」

「はい！承知いたしました！」と言ってから、お辞儀（15度 会釈）をする
→ "用件を理解しました" という**受け止めの気持ち**をしっかり表現しましょう。
（例：「水をもらえますか？」→「はい！承知いたしました！」というような具体的なイメージを持つとよい）

④ 「いかがでございますか」

「いかがでございますか？」と言ってから、商品を両手で指し出す
→意向を伺いながら、**商品を差し出すジェスチャー**をします。商品の大きさは自由ですが、**必ず両手で差し出してください**。指先をそろえると丁寧です。
課題が終わると、移動するよう指示がありますので**「はい」と返事をしてから**、横を向いて、次の課題へ移動します。

第2課題「接客応答」

Point
・「2つの課題」のポイントを押さえたロールプレイングが行える

確認しよう！ 次に、第2課題「接客応答」です。

お客さま
お忘れものでございますが

Check! 以下のポイントをチェックしましょう

☑ 目の前の審査員をお客さまに見立て演技できるか

☑ 2つ目の課題に対して、丁寧な言葉づかいや
敬語に言い換えて、演技できるか

204

第2課題 「接客応答」

「接客応答」の審査員の真正面に立ったら、前傾をして「よろしくお願いいたします！」と言ってから、お辞儀(30度 敬礼)をします。**課題中も前傾姿勢はキープしましょう。**

🔺 2つの課題

「接客応答」では、2つの課題がパネルにて出されます。

パネル① 書いてある言葉をそのまま言って、演技する

パネル② 書いてある言葉を丁寧な言葉に直して、演技する

「基本言動」と同様、パネルが出されたら内容を確認し、「はい」と合図をしたらパネルが下がるので、課題の内容に沿ったロールプレイングをしてください。
課題の内容は、受験者一人ひとり異なりますが、必ず、以下の3パターンのいずれかが出題されます。

パターンA

パネル① 「お客さま、お忘れ物でございますが」

相手の目を見て言いながら、両手で忘れ物を差し出すジェスチャーも行う

パネル② 「案内するのでこっちへどうぞ」

正解例「ご案内いたしますので、こちらへどうぞ」
手のひらで方向を指し示すジェスチャーも行う

パターンB

パネル① 「お客さま、お荷物をお預かりいたします」

相手の目を見て言いながら、両手でお荷物を預かるジェスチャーも行う

パネル② 「注文は決まったか」

正解例「ご注文はお決まりでしょうか」

パターンC

パネル① 「どうぞご自由にお持ちください」

手のひらで品物を指し示すジェスチャーも行う

パネル② 「この品物でよいか」

正解例「こちらのお品物でよろしいでしょうか」
相手の目を見て言いながら、両手で品物を差し出すジェスチャーも行う

第3課題 「接客対応」

Point
・「接客対応」の流れを理解する
・野菜売り場のスタッフになり切って元気よく
　ロールプレイングが行える

[確認しよう！] 最後は、第3課題「接客対応」です。

本日はこちらの
ピーマンが
オススメです

Check! 以下のポイントをチェックしましょう

☑ 目の前の審査員をお客さまに見立て演技できるか

☑ 野菜売り場のスタッフになったつもりで演技できるか

☑ おすすめする野菜の設定を予め決めているか

第3課題 「接客対応」

　「接客対応」の審査員の真正面に立ったら、**前傾をして「よろしくお願いいたします！」と言って**から、お辞儀（30度 敬礼）をします。**課題中も前傾姿勢はキープ**しましょう。野菜売り場のスタッフになりきって演技をします。野菜の種類は全員共通で、「しいたけ」「ピーマン」「アスパラガス」の3種類すべてが台の上に並べられています。※商品は今後変更になる場合もあります。

> ★スムーズに接客できるよう、次の4つの設定を予め決めておきましょう。
> 　・おすすめの野菜（1つでよい）　・野菜の産地　・調理方法　・価格

▲「接客対応」の流れ（例）

お迎え	客：「こんにちはー」 自分：「いらっしゃいませ！」 客：「今日は暑いね〜」
用件伺い	自分：「いやー、本当に暑いですね！」 客：「何か美味しいものが食べたいんだけど、おすすめはある？」
説明	自分：「はい！本日はこちらのアスパラガスが取れたてでおすすめですよ！」 客：「アスパラガス！確かに美味しそう。どこで取れたの？」 自分：「こちらは群馬県産で、産地直送です！」 客：「わあ！それは新鮮だね。でもどうやって食べようかな…」 自分：「新鮮なので、さっと茹でて、サラダにしてみてはいかがでしょう？」 客：「美味しそう！じゃあ1束もらえる？」
会計	自分：「ありがとうございます！それでは、こちら一束で200円です！」 客：「はい、じゃあ200円ちょうど」
受渡し	自分：「(両手で受け取って)はい、200円ちょうどですね。確かに頂戴します。 　　　それでは、こちらが商品です（両手で差し出す）」
見送り	客：「ありがとう！また来るね！」 自分：「ありがとうございました！またのお越しをお待ちしております。」

▲「接客対応」のポイント

・全体を通して、笑顔で明るく元気よくロールプレイングを行う
・お辞儀を忘れないように行う
・お客さまが投げかけをしてきたら、**必ず反応を返すこと**
・おつりは発生しない。商品も袋に入れる必要はない。
・最後、感謝の気持ちを伝えて、次回の来店を促して終了する

第6章　準1級 面接試験対策 ■ 第3課題 「接客対応」

207

column

面接試験 直前チェックシート

試験前日まで
☑ 受験票が届いたら、**受験日**、**会場**と**集合時間**を確認しておく
☑ 受験票に**本人写真を貼っておく**

試験当日
☑ **受験票**を持参するのを忘れない
☑ **集合時間に余裕を持って到着**するよう出発する
☑ **髪**をまとめておく（前傾時など前に落ちてこないように）
☑ 服装は自由だが、**動きやすい靴**を選ぶ

会場到着後
☑ **受付に受験票を提出**し、説明を受ける
☑ 控室で全体説明後、入室時間まで待機する
☑ 早めにお手洗いなど済ませておく
☑ 入室時間になったら、係員の誘導で面接室へ移動する

面接開始
☑ 入室から退出まで「**笑顔**」をキープする
☑ お辞儀は**分離礼**で行う
☑ 面接番号を呼ばれたら「**はい！**」と返事をして立ち上がる
☑ **前傾姿勢**を忘れない
☑ 口を大きく開いて**ハキハキ発音**する
☑ **早口にならない**よう落ち着いて話す
☑ **審査員をお客様に見立ててロールプレイング**を行う
☑ お客さまの**目を見て対応**する（アイコンタクト）
☑ 物の受け渡しは**両手で行う**
☑ 審査員に「**ありがとうございました**」と言って、**お辞儀**する
☑ 「**失礼いたしました**」と言って、**お辞儀**して、退出する
☑ ドアを閉めるまで気を抜かない

サービス接遇検定
模擬試験

実践形式の模擬試験にチャレンジしてみましょう。ここでは、3級1回分、2級1回分の模擬試験と解答・解説を掲載しています。実際の試験に臨むつもりで時間配分を考えながら取り組み、問題を解き終えたら、解答・解説をよく読んで、ポイントを押さえましょう。

☑ 模擬試験 3級 ──→ p.210〜224
☑ 模擬試験 2級 ──→ p.225〜239
☑ 解答・解説 3級 ──→ p.240〜245
☑ 解答・解説 2級 ──→ p.246〜251
☑ 試験答案用紙 3級 ──→ p.252〜253
☑ 試験答案用紙 2級 ──→ p.254〜255

3級

**サービス接遇検定
模擬試験**

● 答案用紙
　→ p.252 ～ p.253

● 解答・解説
　→ p.240 ～ p.245

問題数：24 問 ／ 試験時間：90 分

合格の目安：1 ～ 11 の 11 問中、7 問正解、
　　　　　　 12 ～ 24 の 13 問中、8 問正解（→ p.11 参照）

Ⅰ　サービススタッフの資質

1. 牟田慶介は量販店に勤務している。店にはお客さまも多く忙しい。店内の陳列のための荷ほどきをしているときでも、商品について詳しいことを知りたいなどと質問されたりする。このような場合、お客さまにはどのように対応するのがよいか。中から適当と思われるものを一つ選び、番号で答えなさい。

（1）今は仕事中なので、手の空いている店員に質問したほうが親切に説明してもらえると教えたほうがよい。

（2）今は仕事中だがいったん手を休め、できる限りでよいから顔と体をお客さまに向けて対応するのがよい。

（3）今は仕事中なので、他の店員に質問してもらいたいと丁寧に断ったほうがよい。

（4）今は仕事中なので、仕事の手を休めないで、顔だけお客さまに向けて対応するのがよい。

（5）お客さまは、質問したことが分かればよいのだから、仕事を続けながら声だけで対応するのがよい。

2. ホテル勤務の山崎伸江は、お客さまに対するサービスの向上を目的にした社内研修で、笑顔の作り方やお辞儀のしかたなどを教えられた。その後、そのようなサービスをすることの意味を考え、同僚と話し合ってみた。次は、そのときに話し合ったことである。中から<u>不適当</u>と思われるものを一つ選び、番号で答えなさい。

（1）よいサービスをしていることを、お客さまに分かってもらうためではないか。

（2）サービスで、他のホテルとの差別化を図ることができるからではないか。

（3）サービスによって、このホテルが信頼を得られるからではないか。

（4）よいサービスがこのホテルのよいイメージになるからではないか。

（5）宿泊したお客さまに、満ち足りた気分になってもらえるからではないか。

3. サービススタッフがお客さまに適切なサービスを行うためには、サービスに対する感性を磨かなければならない。次は、そのサービススタッフの感性について述べたものである。中から<u>不適当</u>と思われるものを一つ選び、番号で答えなさい。

（1）どのようにすればお客さまが気持ちよく買い物ができたり、過ごせたりできるかが分かるようになること。

（2）お客さまがどのようなことをしてもらいたいと思っているか、察せられるようになること。

（3）お客さまが要求することには何にでも応えられて、それができるようになること。

（4）サービスとして行ったことに、どのような価値があるかが分かるようになること。

（5）サービスに対する評価は、お客さまがするものであることが分かるようになること。

4. 本田律子はレストラン勤務である。店内を見ると、食事が終わった
お客さまが、テーブルにセットされているコーヒー用のスプーンで
デザートのアイスクリームを食べていた。このあと、コーヒーが出
ることになっている。このようなときのお客さまへの対応について、
中から適当と思われるものを一つ選び、番号で答えなさい。

（1）お客さまのそばに行って、まわりに聞こえないように小さな声で、「ス
　　プーンの使い方が違っていますよ」とだけ言う。
（2）使い方を教えに行けばまわりに聞こえ、お客さまも恥ずかしい思い
　　をするかもしれないので、何も言わずに黙っている。
（3）今使っているのはコーヒー用のスプーンであることを教え、別にコー
　　ヒー用のスプーンが必要かと尋ねる。
（4）アイスクリーム用のスプーンはコーヒー用には使いにくいので、黙っ
　　てコーヒー用のスプーンを置いてくる。
（5）それはコーヒー用のスプーン、これはアイスクリーム用のスプーン
　　と、それぞれのスプーンの使い方を教える。

5. デパートに勤務する山下恵は、店内でスカートのファスナーが下がっているお客さまを見かけたときに、どのように対応するのがサービスなのか、同僚と話し合ってみた。次は、そのときに同僚と話し合ったことである。中から適当と思われるものを一つ選び、番号で答えなさい。

（1）そばへ行って小声で知らせ、それとなくファスナーを上げてあげるのがサービスということになるのではないか。
（2）「ファスナーが開いていますよ」と、スカートという言葉を言わずに、後ろから教えてあげるのがよいのではないか。
（3）人に知られても困ることではないのだから、後ろから声をかけて知らせてあげるのがよいのではないか。
（4）上げるか上げないかは当人の自由なので、そばに行って小声で知らせてあげるだけで、十分なのではないか。
（5）教えてあげても、人前でファスナーを上げるのは恥ずかしいだろうから、黙っていたほうがよいのではないか。

Ⅱ 専門知識

6. サービス業務関係の用語とその別称の組み合わせである。中から<u>不適当</u>と思われるものを一つ選び、番号で答えなさい。

（1）上がり　　＝　座敷へ上がることの別称
（2）紫　　　　＝　しょうゆの別称
（3）波の花　　＝　食塩の別称
（4）お手元　　＝　箸の別称
（5）お開き　　＝　宴会の終わりの別称

7. 次の用語の中から、福祉事業と直接関係のあるものを一つ選び、番号で答えなさい。

（1）テイクアウトサービス
（2）ケータリングサービス
（3）デイサービス
（4）ビフォアサービス
（5）デリバリーサービス

8. 次は傷つきやすい商品を販売し、それを包装する前の傷の確認や、お客さまに渡すときの注意を述べたものである。中から適当と思われるものを一つ選び、番号で答えなさい。

（1）傷がつきやすい商品に傷があるのはやむを得ないことなので、お客さまにそのことを伝えて包装する。
（2）傷がつきやすい商品は、他の傷がつきにくい品を紹介したうえで、この商品でよいかを確認してから包装する。
（3）傷がつきやすい商品は、「検査済」の証票とともに、自分の目でも確かめて包装する。
（4）商品の傷が実用に差し支えないようなときは、お客さまに傷を見せて納得してもらって包装する。
（5）傷がつきやすい商品は、「検査済」の証明が張ってあれば傷がない証拠なので、そのまま包装する。

9. 次は、サービス業務に関する用語とその意味の組み合わせである。中から<u>不適当</u>と思われるものを一つ選び、番号で答えなさい。

（1）**元祖**… その商品を最初に作ったり売り出したりしたということ。
（2）**会席**…酒宴に集まった人ごとに、膳をそろえて出す日本料理のこと。
（3）**華僑**…外国に定住して、商売を行っている中国人のこと。
（4）**割烹**…上等な日本料理を出す店のこと。
（5）**本舗**…何代も続いて繁盛し、名の通っている店のこと。

Ⅲ　一般知識

10. 次は、サービス業務に関係ある用語とその意味の組み合わせである。中から<u>不適当</u>と思われるものを一つ選び、番号で答えなさい。

（1）**アンテナショップ**…アンテナを立てたように、高い広告料を使っている高級店のこと。
（2）**プライベートブランド**…自社のお客さまに合わせて、独自の商標で開発した商品のこと。
（3）**プロパー**…自社製品の宣伝をしたり、販売拡張の仕事をしたりする人のこと。
（4）**バイヤー**…新しい流通ルートを開拓したり、買い付けの仕事をしたりする人のこと。
（5）**ＰＯＰ広告**…商品名の記憶を店頭で思いおこさせるように誘導する店頭広告のこと。

11. 次は、商業に関係することわざとその説明の組み合わせである。中から不適当と思われるものを一つ選び、番号で答えなさい。

（1）**甘い汁を吸う**…苦労をせずに、利益だけを自分のものにすること。
（2）**小またをすくう**…頑張っている相手のすきを見て、利益を得ること。
（3）**一攫千金**…苦労をすれば一度に大きな利益が得られること。
（4）**漁夫の利**…当事者が争っているすきに、第三者が利益を得ること。
（5）**ぬれ手で粟**…苦労もしないで大きな利益を得ること。

Ⅳ 対人技能

12. 次の各事例は、お客さまに対する言葉遣いである。中から適当と思われるものを一つ選び、番号で答えなさい。

（1）「今、ご入会いたしますと、大変お得な特典がございます」
（2）「このお品は、特にお求めやすいお値段になっております」
（3）「いつでも、お気軽にご利用してください」
（4）「そのお品は別館のほうで、販売しております」
（5）「ご用の節は、ご遠慮なく何なりと申してください」

13. 飯田峻はレストランのウエーターである。ある日、食事をしていた高校生らしいグループが、「やだぁ～、これ、チョーまずいって感じ」と、笑い声を立てて騒いでいるのが耳に入った。このようなことに、飯田はどのように対応したらよいか。中から適当と思われるものを一つ選び、番号で答えなさい。

（1）騒ぎのリーダーに、笑い声を立てて騒ぐのはまわりに迷惑をかけるので、静かにしてもらいたいと注意をする。

（2）そばへ行って、味の好みは人によって違うのだから、自分の好みだけで騒ぎ立てないでもらいたいと注意する。

（3）グループに対して大声を控えてもらいたいと頼み、グループが騒いでいたことを店長に報告しておく。

（4）まわりのお客さまの様子を見て、お客さまに迷惑そうな様子が見られたら、静かにするように注意する。

（5）騒いでいてもお客さまであることには違いないのだから、何も言わずに、黙って聞こえないふりをする。

14. 上原幸太郎が勤務するショッピングセンターでは、お客さまに「感じのよい応対」をすることをモットーにしている。次は、その感じのよい応対の例である。中から<u>不適当</u>と思われるものを一つ選び、番号で答えなさい。

（1）お客さまに声をかけられたら、用向きを尋ねにすぐ近寄るなど、きびきびした動作で応対する。

（2）態度のはっきりしないぐずぐずしたお客さまであっても、それを気にせず、明るい態度で応対する。

（3）お客さまの中には子どももたくさんいるが、他のお客さまと同様に敬語を使って丁寧に応対する。

（4）店内で暖房が効いているときでも、上着は脱がず、きちんとした服装でお客さまに応対する。

（5）暗い感じのお客さまに対しても、その人の暗さに影響されることなく明るい表情で応対する。

15. 崎山隆一はアクセサリーショップ勤務である。あるとき崎山は、ウインドーをのぞいていたお客さまから「その真珠のパールを見せてもらいたい」と言われた。このような場合、そのお客さまにどのように言ってウインドーから出すのがよいのか、中から適当と思われるものを一つ選び、番号で答えなさい。

（1）「こちらでございますね。そのような言われ方をされますが」とそれとなく間違いが分かるようにして出す。

（2）「この真珠は光沢がちょっと違っていて、いかにもパールらしいものでございます」と、その商品をすすめながら出す。

（3）「こちらの真珠のパールでございますね」とお客さまの言い方をまねて出す。

（4）「お客さま、真珠もパールも同じことでございます」と言い方の間違いを教えながら出す。

（5）「はい、かしこまりました。こちらの真珠でよろしいでしょうか」と、品を確かめて出す。

16. 保険外交員の斉藤大が、日頃お世話になっている顧客宅へあいさつに出向いたところ、畳の部屋に通された。次は、そのときに斉藤が行ったことである。中からマナー上、<u>不適当</u>と思われるものを一つ選び、番号で答えなさい。

（1）お菓子を出されて食べたが、残ったので、ティッシュペーパーで包んで持ち帰った。

（2）話が終わり帰るときには、座布団から下りてお礼のあいさつをした。

（3）廊下を通って部屋に入るとき、敷居をまたいで入った。

（4）すぐに座布団を出されたので、その上に正座してあいさつをした。

（5）手提げ袋に入れていった手土産は、紙袋から出して差し出した。

17. 大島健太はチェーンストアの本部で、お客さまからの苦情の電話応対を担当している。次は、最近の応対とその対処である。中から不適当と思われるものを一つ選び、番号で答えなさい。

（1）「配送に日にちがかかり過ぎる」との苦情に、調べて、以後このようなことのないようにすると言って謝った。

（2）「店側のミスで万引きを疑われた。責任者の謝罪を求める」との要求に、まずは謝り、早速、責任者に謝罪に伺わせると答えた。

（3）「化粧室が汚い」との苦情には、汚すのはお客さまだが、不愉快な思いをさせて申し訳ないと言って謝った。

（4）「すぐに故障するものをなぜ販売するのか」との苦情に、申し訳ないと謝って、どのように使ったかを尋ねた。

（5）「店員の応対マナーが悪い」との苦情に、行き届かなくて申し訳ないと謝って、どこが悪かったかを尋ねた。

18. 家電量販店スタッフの木村香織は、お客さまの質問に答えられなかったので、そのことに詳しい先輩に来てもらうことにした。次は、木村がこのことをお客さまにどのように言おうか考えた言葉である。中から適当と思われるものを一つ選び、番号で答えなさい。

（1）「ただ今詳しい者を参上させます」

（2）「ただ今詳しい者を呼んでおります」

（3）「ただ今詳しい人をお連れいたします」

（4）「ただ今詳しい者をお呼びいたします」

（5）「ただ今詳しい先輩を呼ばせていただきます」

19. スーツ売り場担当の田島治は、若いサラリーマンのお客さまから「社会人になったので、フォーマルスーツが欲しいが、それは次の段階として、フォーマルの代わりになるスーツが欲しい」と相談された。次は、そのときにお客さまにすすめたスーツとその着用についてアドバイスしたことである。中から<u>不適当</u>と思われるものを一つ選び、番号で答えなさい。

（1）葬式の場合は全体が地味になるので、ネクタイピンを派手にするとアクセントになってよい。

（2）スラックスのすそはシングルがよいが、ダークスーツは略式の服装なのでダブルでもよい。

（3）黒っぽい色のスーツなら、祝い事にも葬式にも着ていけて、フォーマルスーツの代わりになる。

（4）祝い事に着る場合は、明るい蝶ネクタイをしてポケットチーフを胸に差すと、改まった雰囲気がでる。

（5）葬式に着るような場合は、ネクタイを黒にするとよい。

20. 立野さおりはショッピングセンターのギフト売り場の担当である。
6月のある日、若いサラリーマンから「日頃、公私ともにお世話に
なっている先輩に、お礼として日本酒を贈りたいのだが、そのこと
についていくつか教えてもらいたい」との相談を受けた。次は、そ
のときの一連のやり取りである。中から<u>不適当</u>と思われるものを一
つ選び、番号で答えなさい。

（1）**お客さま**：贈り物は日本酒と決めているのだが、それでよいか。
　　　立野　：「はい、それがご本人さまのお好みに合っていれば、特
　　　　　　　　に問題はないと思います」

（2）**お客さま**：品物は直接持って行ったほうがよいだろうか。
　　　立野　：「はい、本来はそれが礼儀ですが、今は、お送りしても
　　　　　　　　失礼にはなりません。ただ、あいさつ状は、別に郵送し
　　　　　　　　たほうがよろしいかと思います」

（3）**お客さま**：表書きは御中元が一般的だと聞いたが、それでよいか。
　　　立野　：「はい、7月に入ってからのお届けでしたらよろしいか
　　　　　　　　と思います」

（4）**お客さま**：自分としてはあまり形式にこだわらずに贈りたいと思っ
　　　　　　　　ているが、別に方法はないだろうか。
　　　立野　：「はい、それであれば、何も書かないのも一つの方法です。
　　　　　　　　それは、形式張らずに贈りたいという意味になるからで
　　　　　　　　す」

（5）**お客さま**：何も書かないのも少し気が引けるが、どうだろうか。
　　　立野　：「はい、それなら寸志と書けばよろしいかと思います。
　　　　　　　　形式張らずに心ばかりのお品を贈りましたという意味に
　　　　　　　　なるからです」

21. スーパーマーケットのレジ係を担当している吉本美香は、お客さまとの金銭の受け渡しの間違いを防ぐため、次のように言っている。中から<u>不適当</u>と思われるものを一つ選びなさい。

（1）お客さまに「お代金は○○円でございます」と言う。
（2）代金をいただくときは「○○円お預かりいたします」と言って、すぐにレジにしまう。
（3）ちょうどの金額を渡されたときは、確かにちょうどお預かりしたことが分かるよう「○○円ちょうど頂きます」と言う。
（4）つり銭を渡すときは「○○円のお返しでございます。お確かめください」と言って両手で渡す。
（5）商品を渡すときに「ありがとうございました」と言って少し頭を下げ、感謝の気持ちを伝える。

記述問題　Ⅳ　対人技能

22. 次のような場合、「　　」内のことをどのように言うのがよいか、お客さまに言う丁寧な言葉に直しなさい。

（1）連れを待っている客に、連れが来たことを伝えるとき
「連れが来たが、どのようにするか」
（2）調子が悪いので、調べてもらいたいといって、持ってきた品を受け取るとき「悪かった。預からせてもらうがよいか」

23. 次の内容を、お客さまを呼び出すときの丁寧なアナウンスの言葉に
直しなさい。

> 呼び出しをします。横浜から来ている山田さん。いましたら1階総合受
> 付まで来てください。原さんという人が待っています。

記述問題　Ⅴ　実務技能

24. 次は、結婚式場に勤務する野田武が花嫁とその両親に頼まれ、写真
を撮ろうとしている場面である。しかし、この並び方ではおかしい
と気がついた野田は、3人に対して、並ぶ位置の変更を頼んだ。一
般的にはどのような並び方がよいか、答えなさい。

2級 サービス接遇検定 模擬試験

●答案用紙
→ p.254 ～ p.255

●解答・解説
→ p.246 ～ p.251

問題数：24 問 ／ 試験時間：100 分

合格の目安：1 ～ 11 の 11 問中、7 問正解、
12 ～ 24 の 13 問中、8 問正解（→ p.11 参照）

Ⅰ　サービススタッフの資質

1. ホテル勤務の町田修二は、学生のテーブルマナー講習会の講師を担当することになった。次は、町田が講師として行ったこと、学生に教えたことである。中から不適当と思われるものを一つ選び、番号で答えなさい。

（1）コース料理は初めての学生が多く、隣同士でのおしゃべりが多かったが、おしゃべりが落ち着くまで先へは進まなかった。

（2）テーブルマナーは料理を楽しむためのものだから、マナーにだけ気をとられていては目的が違ってしまうと強調した。

（3）楽しく食事をするには、楽しく話をすることも大事なので、マナーの中には話し方も含まれると教えた。

（4）テーブルマナーは楽しく食事をするためのものなので、そのためには服装にも気を配る必要があると教えた。

（5）生来の不器用で、フォークやナイフがうまく使えない人は、最初からあきらめて箸を使ったほうがよいと指導した。

模擬試験

3・2級 問題

2. 次は、ゴルフ場でキャディーをしている増田幸代の、お客さまへの
サービスと対応である。中から不適当と思われるものを一つ選び、
番号で答えなさい。

(1) ゴルフ場のサービスは、お客さまに楽しくプレーしてもらうことな
ので、プレー中以外は、明るく話しかけて談笑するようにしている。

(2) ゴルフはお客さまがするものなので、お客さまのプレーに対しては、
不親切なようでもこちらからは何も言わないようにしている。

(3) お客さまの中にはくだけた冗談で話しかけてくる人もいるが、自分
の態度や言葉遣いは、それには合わせないようにしている。

(4) コースの自然の景観は、四季それぞれで趣を変えるので、その季節
の特徴をさりげなくお客さまに紹介するようにしている。

(5) お客さまはエンジョイするためにプレーしているのだから、お客さ
まが楽しめるように、よいショットのときは一緒に喜んでいる。

3. 次は、販売担当の澤田恵美が販売担当者の身だしなみについて同僚
と話し合ったことである。中から不適当と思われるものを一つ選び、
番号で答えなさい。

(1) 販売担当者の身だしなみがよいと店の雰囲気もよくなるので、お客
さまは店に好感をもってくれるのではないか。

(2) 身だしなみは人を意識して気をつけるもの、おしゃれは自分の楽し
みでするものなので、混同しないようにしよう。

(3) 身だしなみのよさには人柄が出るので、私生活でも身だしなみには
気をつけよう。

(4) 身だしなみがよいと人に潔癖な感じを与えるので、お客さまに親近
感をもってもらえなくなるのではないか。

(5) 身だしなみがよいと、人によい印象をもってもらえるので、販売担
当者がお客さまから信頼されるのではないか。

4. 山田亮介はチェーンレストランで学生アルバイトをしている。卒業後はこの会社に就職したいと考え、それだけに仕事に身を入れている。次はその一例として、山田がお客さまに気持ちよく食事をしてもらうために気を配っていることである。中から<u>不適当</u>と思われるものを一つ選び、番号で答えなさい。

（1）店内の清掃でなかなか目の行き届かない観葉植物を点検し、葉が生き生きした感じになるように、水でぬらした布でふいている。

（2）満席のときのお客さまには「少々お待ちください」ではなく、店内の様子を見て、「何分ほどお待ち願えますか」のように言っている。

（3）注文を受けるときは、お客さまによい感じを与えるように、きちんと立って、はっきりした言い方で受け答えしている。

（4）立ち仕事なので2時間ごとに休憩時間があるが、お客さまが多いときには休憩時間を少しずらして調整するようにしている。

（5）お客さまがウエートレスの対応に文句を言っているようなときには、すぐに行って間に入り、仲裁をするようにしている。

5. ステーキハウス勤務の高野伸子がお客さまに焼き方を尋ねると、「おれが好きなのはやきもち焼き」と冗談を言った。高野は「焼き加減のことですが」と言うと「そんなことは分かっているよ」と笑っている。このような場合、高野はそのお客さまにどのように応ずるのがよいか。中から適当と思われるものを一つ選び、番号で答えなさい。

(1) 「やきもちは、少しとたくさんとどちらをお好みでしょうか」と冗談に応じるようにして焼き加減の注文を受ける。
(2) 「承知いたしました、焼き方はやきもち焼きでございますね」と冗談に応じて厨房へは無難な普通の焼き方で注文しておく。
(3) 「ご冗談では注文をお受けいたしかねます」と言って、冗談をやめてもらって注文を受けるようにする。
(4) お客さまが言っているのは冗談だから、聞こえないふりをして、改めて焼き加減を尋ねるようにする。
(5) 承知して冗談を言っているのだから「冗談にお答えできず申し訳ございません」と言って、しばらく待っている。

Ⅱ 専門知識

6. 次の「　」内は、商売繁盛を願って室内に飾るものである。中から商売繁盛に関係ないものを一つ選び、番号で答えなさい。

(1) だるま市で売られている、縁起ものの張り子の「だるま」。
(2) 座って、一方の前足で招くような姿をしている置物の「招き猫」。
(3) 酉の市で売られている、縁起ものの竹製の「熊手」。
(4) 水商売の家で、縁起を祝うために設けられた「縁起棚」。
(5) 神社で売られている、魔除けの弓につがえる「破魔矢」。

7. 佐竹慎吾はレストランのパーティールームの担当である。今行われているパーティーは午後7時までで、7時30分から次のパーティーが入っている。現在6時50分。状況から7時までに終わりそうもない。このような場合、7時までに終わらせてくれるように頼むとしたら、どのような言葉で終わりの時間を伝えるのがよいか。中から適当と思われるものを一つ選び、番号で答えなさい。

(1)「宴もたけなわではございますが、そろそろ終了のお時間でございます」
(2)「まもなく閉会のお時間でございますので、終わりの準備を願います」
(3)「まもなく7時ですので、お帰りのお支度をお願いいたします」
(4)「恐れ入りますが、あと10分ほどでお開きのお時間でございます」
(5)「申し訳ありませんが、7時30分に次のパーティーが入っております」

8. 次はX線検査技師の西村聡が、日頃心がけていることである。中から不適当と思われるものを一つ選び、番号で答えなさい。

(1)検査中の言葉遣いは「もう少し右へ」などではなく、患者さんが迷わないように「半歩右へ」というような言い方をしている。
(2)指示に適切に従ってくれたおかげで検査がスムーズに終わったときは、おかげでスムーズに終わったと患者さんに言うようにしている。
(3)検査に手間取って患者さんが心配そうなときは、なぜ手間取ったかを知らせて、安心してもらうようにしている。
(4)検査は専門的なことなので、こちらから患者さんに言うことはあっても、患者さんから質問は受けないようにしている。
(5)安心して検査を受けてもらえるように、検査前には、「心配することは何もない、任せてもらいたい」と言うようにしている。

9. 次は、中島徹の勤務する理髪店で、お客さまサービスの向上を目指して従業員が話し合ったことである。中から不適当と思われるものを一つ選び、番号で答えなさい。

(1) 顧客カードを作成して、お客さまのお誕生月には髪形を変える提案ができるように、モデル写真を用意しておくようにする。

(2) 理髪中に雨が降ってきたり、雨宿りに立ち寄ったりしたお客さまに、返してもらわなくてよいビニール傘を用意しておくようにする。

(3) 理髪中に泣き出した子どものお客さまをなだめるために、絵本やあめを用意しておくようにする。

(4) 忙しい時間を割いてきたらしいお客さまには、時間はどのくらいあるかを尋ねて、それに合わせるようにする。

(5) 何人か待っているときの新たなお客さまは、待ち時間を伝えて、よいと言えば待ってもらうようにする。

10. 次の「　」内は下のどの用語の説明か。該当すると思われるものを一つ選び、番号で答えなさい。

「商品の販売価格をメーカーが設定するのではなく、小売店がそのときの状況に合わせて決定する販売価格のこと」

(1) オープン価格
(2) 希望小売価格
(3) 再販価格
(4) 卸売価格
(5) 本体価格

11. 次は、サービス業務担当者に関係ある用語とその意味の組み合わせである。中から不適当と思われるものを一つ選び、番号で答えなさい。

(1) アポイントセールス＝面会の約束をとりつけ、面会の場で商品販売をする販売方法のこと。
(2) フリーペーパー＝お客さまに無料で配る、タウン情報、買い物情報が掲載されている新聞のようなもの。
(3) アドバンス＝前払い金や、前渡し金のこと。
(4) シルバーマーケット＝高齢者を購買の対象に見立てた市場のこと。
(5) バイヤー＝開発した新商品がどのくらい売れるか調査して予測する人のこと。

12. レストラン勤務の斉藤和夫は、店長からいつも「お客さまの立場に
立った応対をするように」と言われている。次はそのように言われ
ている斉藤のお客さま応対である。中から<u>不適当</u>と思われるものを
一つ選び、番号で答えなさい。

(1)「ここがおいしいと聞いてきた」というお客さまに「わざわざご来
　　店いただきましてありがとうございます。ご期待に添えるように努
　　めます」と言った。

(2) どの料理が一番早くできるかとお客さまから尋ねられ、「ご希望の
　　料理をお申しつけくださいませ。メニューのものでしたらお間に合
　　わせいたします」と答えた。

(3) ナイフとフォークを使いづらそうにしているお客さまに「気づきま
　　せんで、申し訳ありませんでした。お箸をお持ちいたしましょうか」
　　と言った。

(4)「うるさくして申し訳ない」という、子ども連れのお客さまに「他
　　のお客さまはお分かりいただいているようですので、お気になさら
　　ないでください」と言った。

(5)「取引先の接待だから」と得意客が接待客を連れてきたとき「ゆっ
　　くりお話しできる、静かな席をご用意させていただきます」と言っ
　　て、奥の部屋に案内した。

13. 次は、それぞれの事例に対する返答である。中から言葉遣いが<u>不適当</u>と思われるものを一つ選び、番号で答えなさい。

(1) お客さまから「昨日はあったが、今日はないのか」と尋ねられたとき「申し訳ありません。そのお品は品切れになってしまいましたが」。

(2) 病気見舞いにする食料品を選んでいるお客さまに「そのお品でしたら、どのご病気の方にも向くのではないでしょうか」。

(3) 紙製の手提げ袋に品物を詰め、重そうにしているお客さまに「大変重そうですが、大丈夫でございますか」。

(4) 「子どもがうるさい」と言われ、それを子ども連れのお客さまに伝えたとき「あちらのお客さまが、お子さまがうるさいと申されておりますが」。

(5) お客さまから、品選びに迷ってどれがよいかと尋ねられたとき「お使いになる方はどのようなものをお好みでしょうか」。

14. 次は、事務機器販売会社勤務の小島彰が、販売先でお客さまに機器の使用法について説明をするときに心がけていることである。中から<u>不適当</u>と思われるものを一つ選び、番号で答えなさい。

(1) 説明の中に専門用語が入ったときは、その用語を解説し、分かってくれたかを確かめるようにしている。

(2) 説明するときは、最小限必要なポイントを先に説明し、それ以上は相手の反応によってするようにしている。

(3) ひととおりの説明が終わったら、説明の中で分からないところがなかったかを確認している。

(4) 分からないところは説明書で分かるが、それで分からないときは理解する努力が必要と言っている。

(5) 説明したとき、分かったということが不確かな場合は、実際に機器を動かしながら説明するようにしている。

15. 販売店勤務の竹下静香は、店長から「お客さまには感じよく対応すること」と言われた。この「感じよく」とはどのようなことか。中から不適当と思われるものを一つ選び、番号で答えなさい。

(1) お客さまの要望には必要なだけ応えて、それ以上のことはしないようにすること。

(2) お客さまから質問されたときには、分かりやすい言葉で的確に答えるようにすること。

(3) お客さまが気持ちよいと思うよう、てきぱきと応対すること。

(4) お客さまが、こうしてほしいと望んでいるであろうことを察して応対すること。

(5) 応対のときのお客さまとの受け応えは、明るい表情とさわやかな話し方ですること。

16. スポーツ用品店売り場を担当している遠藤真理菜は、お客さまが安心して品選びができるよう、次のような気遣いをしている。中から不適当と思われるものを一つ選び、番号で答えなさい。

(1) 品物を手に取り、決めかねている様子のお客さまには「どのようなお品をお望みですか」と尋ねて相談に乗るようにしている。

(2) シューズを試しに履いているお客さまには「つま先はきつくありませんか」と選ぶポイントを教えてあげるようにしている。

(3) お買い得コーナーで品選びをしているお客さまには、さりげなくどのように得かを話してあげるようにしている。

(4) ウエアを手に取り迷っているお客さまには「着ると感じがよく分かります」と試着をして決めるようにすすめている。

(5) 店内を探るように見ているお客さまには、すぐに近づいていき「初めてのご来店でしょうか」と声をかけるようにしている。

17. デパートの文具売り場勤務の前田美穂は、お客さまから「新築祝いに贈る祝儀袋のことでお聞きしたい」と言われた。次は、そのお客さまの質問に対して前田が答えたことである。中から<u>不適当</u>と思われるものを一つ選び、番号で答えなさい。

（1）**お客さま**：お祝いを先輩と連名で贈りたいが、その際はどう書けばよいのか。

　　　前田　：はい、連名の場合は序列に従って右から順になりますので、先輩の方のお名前が右になります。

（2）**お客さま**：参考までに聞きたいが、序列がない場合どう書くのか。

　　　前田　：はい、お知り合い同士などということでしたら、年齢の順ということもございます。

（3）**お客さま**：現金を贈りたいが、祝儀袋はどういうものを選べばよいか。

　　　前田　：はい、家の新築は一生のうち１回ということが多いので「結びきり」でよろしいと思います。

（4）**お客さま**：祝儀袋の上書きだが、新築のお祝いなので「御祝」でよいか。

　　　前田　：はい、「御祝」はすべてのお祝い事に通用する言葉ですのでよろしいと思います。

（5）**お客さま**：家の新築を祝うということを、具体的に表現するとしたらどう書くのか。

　　　前田　：はい、それでしたら、贈る目的をはっきりさせて「祝御新築」ではいかがでしょうか。

18. 中村進が勤務する呉服専門店では、特定客を店員が分担して担当している。あるとき、同僚の佐藤が事故で負傷し長期入院をすることになった。次は佐藤の入院中、佐藤の担当している顧客に対して中村が行ったことである。中から<u>不適当</u>と思われるものを一つ選び、番号で答えなさい。

（1）いつも佐藤を指名する来店客と、佐藤の入院の話をしたとき、佐藤のけがを気遣ってくれるのであれば、見舞ってもらいたいとお願いした。

（2）仕立物を受注している顧客には、中村が代わって担当するというあいさつ状に、受注品は順調に進行していると付け加えた。

（3）入院中の佐藤を訪ね、佐藤の担当している顧客に対するサービスは、どのようにしていけばよいかと相談した。

（4）佐藤が担当している顧客に、当分の間自分が担当するので、用命は中村あてにお願いしたいとあいさつ状を出した。

（5）佐藤を指名の来店客には、佐藤が入院中は自分が担当するので、佐藤同様に引き立ててもらいたいとあいさつをした。

19. ホテル勤務の田島みどりは、先輩から、お客さまから苦情を言われ
たときなどすぐに謝るのは当然として、今後同じことを繰り返さな
いために次のようなことをしておかないといけないと教えられた。
中から不適当と思われるものを一つ選び、番号で答えなさい。

(1) お客さまが不満を言うのは、そのことに満足していないからだから、
どのくらいなら満足してくれそうかを把握しておく。

(2) お客さまから注意されるのは、こちらに不手際があったときである
から、そのようなことをなくすにはどうするかを考える。

(3) お客さまの要求には、応じられるものと応じられないものがあるか
ら、要求の内容をしっかり尋ねておく。

(4) お客さまのわがままと思われるようなことを言われたときは、この
ホテルが肌に合わないのかどうかを尋ねておく。

(5) お客さまが苦情を言うのは、例えば不愉快な思いをしたときである
から、何が不愉快だったのかをしっかりと尋ねておく。

20. レストランのフロア担当者の真田百合子は、お客さまから「隣の客の子どもたちが騒々しい」という苦情を受けた。見ると、子どもは通路を走り回っているのに、その親は食事が済んで談笑している。このようなことに、真田はどのように対応したらよいか。中から不適当と思われるものを一つ選び、番号で答えなさい。

(1) 子ども連れのお客さまに、運んでいる料理の中には熱いものもあり危険なので、店内を走り回るのをやめさせてもらうように言う。

(2) 走り回っている子どもたちに「食事はもう済んだの」と尋ねながら、他のお客さまの迷惑になるから静かにしないといけないと言う。

(3) 苦情を言ってきたお客さまに「すぐ別の席をご用意いたします」と言って、別の席に移ってもらう。

(4) 子ども連れのお客さまに、隣のお客さまが、お子さんがうるさいと言っているので、静かにしてもらえないかと言う。

(5) 子どもが遊べるものを別のテーブルに用意して子どもたちを呼び、他のお客さまの迷惑になるのでここで遊ぶようにと言う。

記述問題　Ⅳ　対人技能

21. 次のことを、お客さまに言う丁寧な言葉に直しなさい。

(1) 「分からないことは気軽に聞いてくれ」
(2) 「この品のお金はまだもらってないが」

22. 次の内容を、閉店時間にアナウンスするときの丁寧な言い方に直しなさい。

今日は来店してくれて本当にありがとう。もうすぐ、閉店の時間だ。帰るときはみんな忘れ物のないようにしてくれ。また来てくれることを心待ちにしている。

記述問題　Ⅴ　実務技能

23. 山口美波の勤務している洋菓子店の前は、なぜか駐車する車が多い。このため来店のお客さまに大変な迷惑をかけている。そのような様子を見た店長は、山口に「出入りができないので駐車してくれるな」と掲示をするように言った。これを丁寧な掲示文にするとどのようになるか。それを書きなさい。

24. ホテルのフロント係太田剛志が、宿泊の予約をしてあるというお客さまの応対でお名前を確認したところ、予約リストに名前がなかった。「ご予約はいついただきましたでしょうか」と尋ねると「1週間前だ」と語調を荒らげている。あいにく今日は満室である。このような場合、太田はお客さまに対してどのような言葉と行動が必要か。それを書きなさい。

I　サービススタッフの資質

1. (2)

たとえ業務が忙しくても、それはお客さまには関係のないことです。お客さまの質問に答えるのも仕事のうちで、顧客意識を考えたときに、お客さまへの対応は最優先すべきことです。作業中であっても手を止め、お客さまに向き合ってきちんとした応対をしている（2）が適当です。

（1）お客さまに別の店員のところまで行かせるのは失礼である。

（3）丁寧に断ったとしても、（1）と同様、失礼である。

（4）お客さまの立場に立ったときに、他の作業をしながら応対されると、大切に扱われていないと感じられる。

（5）顔と体を相手に向けて応対するべき。

2. (1)

サービスを提供することの「効果」と「目的」についての問題です。サービスというのは、お客さまによいサービスを提供しているとわざわざアピールすることが目的ではありません。お客さまのニーズに応え満足していただくことがサービスの目的であり、満足していただくことでさまざまなよい効果が生じます。

3. (3)

お客さまの要求に応えることは確かに必要ですが、「何にでも応え」という箇所が不適当です。ときには、お客さまのためを思えばこそ、お客さまの意向に沿わない助言なども必要です。

4. (4)

お客さまの間違いをわざわざ指摘する必要はありません。しかし、このままでは、コーヒーが運ばれてきたときにコーヒースプーンがないという状況に陥り、お客さまが困ってしまいます。そうならないように何とかするのがサービススタッフの役目です。お客さまに恥をかかせないよう、さりげなくお客さまを助けている（4）が適当です。

5. (4)

問題4と同じく、お客さまに指摘をする問題です。このままではお客さまが恥ずかしい思いをしてしまうので何か対処をしなければなりませんが、あからさまに指摘をするのはよくありません。そばに近づき小声でお伝えする（4）が適当です。

(1) ファスナーを店員が上げるのは行き過ぎた行為であるし、周囲のお客さまに気づかれてしまう可能性がある。

(2) と（3）直接的に指摘しているところが不適当。

(5) このままではお客さまが恥ずかしい格好をしたままである。

Ⅱ　専門知識

6. (1)

「上がり」とは、飲食店などでお茶のことを指す言葉です。

7. (3)

「デイサービス」とは、高齢者が日帰りで施設を利用し、食事や入浴などの介護やリハビリなどを受けることのできるサービスです。施設で、利用者同士ふれあうことで孤立を防ぎ、また介護をする家族にとっても負担を軽減するメリットがあります。

8. (3)

お渡しする商品に傷があってはいけません。しっかり確認を行う必要があります。

(1) と (4) 傷があるのであれば交換をするべきである。

(2) 包装する前になって他の商品を紹介するのではタイミングが悪い。お客さまも困惑するであろう。

(5) 検査の段階で傷がなかったとしても、運搬などの過程で傷つく可能性があるため、確認を怠ってはならない。

9. (5)

「本舗」とは、特定の商品を販売する大本のお店のこと。選択肢の説明にある何代も続くお店は「老舗」です。

Ⅲ 一般知識

10. (1)

「アンテナショップ」とは、企業や地方自治体などが商品の売れ筋などを探るために設置するお店のことです。

11. (3)

「一攫千金」とは、一度に多くのお金を手に入れることです。

Ⅳ 対人技能

12. (4)

(1) 「ご入会いたします」は謙譲表現。「入会する」のはお客さまの動作なので、尊敬語に直し「入会される」、もしくは「入会なさる」となる。

(2) 「お求めやすい」は、不十分な尊敬語。きちんとした尊敬語に直すと「お求めになりやすい」となる。

(3) 「利用する」のは相手の動作なので、「ご利用になってください」「利

用されてください」とするのがよい。

(5)「申してください」は謙譲表現で、この場合、相手の動作なので不適当。尊敬表現を使い「おっしゃってください」などとするのがよい。

13. (3)

大声で騒ぐのは周囲のお客さまの迷惑となるので、控えてもらうようお客さまに頼みます。なおかつ、このようなトラブル等があったことはお店で共有する必要があるため、店長に報告をします。

(1) お客さまにリーダーも何もないので、全員にお願いをするべき。

(2) 問題は大声で話している点にあるので、それを注意する。

(4) 他のお客さまが迷惑そうに見えなくても、お店としてきちんとした対応をとらなければならない。

(5) 明らかに他のお客さまの迷惑となるため、見過ごすのはよくない。

14. (3)

「感じのよい応対」とは何かを問う問題です。相手に合わせた言葉遣いが必要で、子どものお客さまにはやさしい言葉で話してあげたほうが伝わりやすく、また感じもよいということになります。

15. (5)

お客さまの言葉の間違いをわざわざ指摘する必要はありません。お求めになっている商品を手早く出して見ていただくことのほうが重要です。

(1) と (4) 間違いを指摘する必要はない。

(2) よくわからない説明をするより、普通に商品を説明するべき。

(3) 馬鹿にしているように思われたり、嫌味にとられたりしかねない。

16. (4)

座布団を出されてもすぐには座らず、まずは畳の上に座ってあいさつをし、すすめられたら座布団の上に座るのが作法です。

17. (3)

「汚すのはお客さま」などと、わざわざ言う必要はありません。苦情（ク
レーム）対応に関しては、まずはお詫びをし、お客さまの話をすべて聞き、
その後の対応を考えるのが基本の流れです。

18. (2)

「先輩」を「身内」として、きちんとお客さまに敬意を払った表現として
（2）が適切。

19. (1)

葬儀においては、目立つアクセサリーはつけないのがマナーです。

20. (5)

「寸志」という表書きは、目上の人から目下の人に送る場合に使います。
この場合は「御礼」という表書きを提案する。

21. (2)

レジでお客さまから代金をいただいたときは、つり銭の渡し間違いを防
ぐために、すぐにしまわずに見えるところに出しておきます。

記述問題　Ⅳ　対人技能

22. (解答例)

（1）**お連れさまがいらっしゃいましたが、いかがなさいますか。**

「連れ」を丁寧に言うと「お連れさま」。「来た」は相手の動作なので、尊
敬表現で「いらっしゃる」「来られる」となります。「どのように」は「い
かが」に直し、「する」は相手の動作なので尊敬表現「なさる」「される」
を使って、「いかがなさいますか」と言うのが適当です。

（解答例）

（2）申し訳ございませんでした。お預かりいたしますがよろしいでしょうか。

「悪かった」はきちんとしたお詫びの言葉「申し訳ございませんでした」に言い換えます。「預かる」のは自分の動作なので、謙譲表現を使って「お預かりさせていただく」に。「よいか」は「よろしい」を使い、「よろしいでしょうか」となります。

23. （解答例）

> お呼び出しをいたします。横浜からお越しの山田さま。いらっしゃいましたら1階総合受付までお越しください。原さまがお待ちです。

「呼び出し」は丁寧表現で「お呼び出し」。「します」は、自分の動作なので謙譲表現を使って「いたします」に直します。一方、「来ている」「いましたら」「来てください」は相手（山田さま）の動作なので、尊敬表現を使って、それぞれ「来ている」は「お越しの」「おいでの」「お見えの」、「いましたら」は「いらっしゃいましたら」、「来てください」は「お越しください」などと言い換えます。また、「待っています」は相手（原さま）の動作なので、「お待ちです」「待っていらっしゃいます」などとなります。

記述問題　Ⅴ　実務技能

24. （解答例）

花嫁を中心に。撮影者から見て左側に父親、右側に母親がくるように並んでもらうのがよい。

今回のケースでは、イラストのように並びます。まず、主役を写真の真ん中に配置します。そして、「撮影者から見て左側が上座」が基本です。日本社会は男性中心の考え方をするため、男性を左側に配置するのが現在は主流です。そのため、花嫁の左側に父親、右側に母親が写るように並びます。

I サービススタッフの資質

1. (5)

講師としての心構えや考え方を問う問題です。講師にとっては、講習会を受けてくれる学生がお客さまです。不器用な学生にも、なんとかできるように誠心誠意教えるのが講師の務めであり、「最初からあきらめて」というのは講師失格です。

2. (1)

キャディーの役割はゴルフをされる方の手助けをすることであり、バッグを運んだり、コースのクセや風向きなどを把握してお客さまにお伝えしたりするのが仕事です。お客さまがプレーしていなくても、他のプレーヤーの打ったボールに注意するなどしなければならないので、談笑をするのはサービスを忘れていることになり、不適当です。

3. (4)

「身だしなみがよいと人に潔癖な感じを与える」「親近感をもってもらえなくなる」の2点が不適当です。身だしなみがよいと感じもよく、また仕事ぶりもきちんとした印象になります。他の選択肢は、身だしなみのポイントである「清潔」「機能性」「調和」の3つについて述べられていて、適当です。

4. (5)

この場合は、学生アルバイトの山田が間に入ったとしても解決には至りません。店の責任者などに速やかに報告し、適切な対応をとるのがよい

でしょう。苦情の対応は、①まずお詫びをする、②お客さまの話を聞き、適切な対応をする、③店内で共有する、という流れが基本です。

5. (1)

お客さまのユーモアには、それに合わせた対応をとるのが適当です。「冗談に応じて」、なおかつきちんと焼き方を聞き出している（1）が適当ということになります。

(2) 冗談に応じてはいるが、実際の焼き方を聞き出せず、高野が勝手に焼き方を決めてしまっている。

(3) と（4）お客さまのユーモアに合わせていない。

(5) 待つのではなく自分から聞くべき。

Ⅱ　専門知識

6. (5)

「破魔矢」は、悪いものを払ってくれる矢飾りのこと。商売繁盛とは関係ありません。

7. (4)

祝い事や宴会などの席では「終わる」という言葉は縁起が悪いとされ、代わりに「お開き」という言葉を使います。

(1) と（2）「終了」「終わり」は祝いの席では使わない。

(3) 次のパーティーは7時30分からなのだから、帰りの準備は終了時刻の7時になってからでよい。

(5) 次のパーティーの予定はこちらの事情であり、お客さまにお伝えする必要のない情報。

8. (4)

検査を行うだけではなく、患者さんに安心して検査を受けてもらうことが患者さんの満足につながります。きちんと質問に答え、患者さんの不安を解消することは、満足や信頼を得るチャンスでもあります。

9. (1)

理髪店などでは、お客さまの要望に沿った髪形にして差し上げるのが基本です。こちらから髪形を変えることを提案することがサービスの向上とはいえません。

III　一般知識

10. (1)

「オープン価格」が正解です。一方、メーカーが小売店に対して希望を示す販売参考価格を「希望小売価格」といいます。

11. (5)

「バイヤー」とは、買い付けをする人のこと。「開発した新商品がどれくらい売れるか調査して予測する人」は「リサーチャー」(リサーチをする人)といいます。

IV　対人技能

12. (4)

「お客さまの立場に立った応対」とはどういうことかを問う問題です。(4)は、まわりのお客さまの迷惑になるので、「他のお客様は……」などと言わずにうるさくしているお子さまに、子どもに伝わる言い方でおとなしくするようにお願いするのが適切な対応です。

13. (4)

「申す」は「言う」の謙譲語。この場合、「言っている」のは他のお客さまなので尊敬語「おっしゃっている」などを使うのが妥当です。

14. (4)

お客さまに説明する際に気をつけることに関する問題です。(4)は、お

客さまに「分からないときは理解する努力が必要」という箇所が不適当です。お客さまの不明点を解消するために小島がいるのだから、「分からない点は気軽にお尋ねください」などと、聞きやすい雰囲気づくりをするといった工夫が必要です。

15. (1)

「感じのよさ」についての問題です。(1) は、要望に応えるのは正しいことであるが、「それ以上のことはしない」という箇所が不適当です。感じのよい対応とは、最低限のことをするだけでなく、「普通以上の気づかい」で対応することです。

16. (5)

お客さまが商品を選びやすくするためにはどうすればよいかを問う問題です。(5) の声かけでは、お客さまが商品を選ぶのを助けていることにはなりません。店内を探るように見ているお客さまには「何かお探しでしょうか。ご案内いたします」などと声かけをします。

Ⅴ 実務技能

17. (3)

水引きの結び方である「結びきり」は、一度きりしか使えないため、「一度でよいこと」「二度とないように」というときに使われます。新築は何度あってもよいことなので、何度でも使える「蝶結び」を選びます。

18. (1)

お客さまに見舞うようにお願いするのは不適当です。お客さまには余計な気遣いをさせず、引き続き安心して利用していただけるように努めるのがよい対応です。

19. (4)

こちらの不手際に対し苦情を受け、それを繰り返さないためにどうしたらよいかを問う問題です。(4) は「このホテルが肌に合うかどうか」という箇所が不適当です。それはお客さまの好き嫌いの問題であるから、尋ねたところで解決にはなりません。

20. (4)

(4) は「隣のお客さまが……うるさいと言っている」という箇所が不適当です。誰からの苦情かはトラブルの原因となるので伝えないほうがよいことです。また、子どもたちに対する苦情であるから、まずは子どものお客さまに、なぜ走り回ると危ないのかをやさしく伝えるのがよいでしょう。

記述問題　Ⅳ　対人技能

21. (解答例)

(1)「ご不明な点はお気軽にお聞きになってください」

まず、「分からないこと」と「気軽に」を丁寧な言い方に直し、それぞれ「ご不明な点」「お気軽に」とします。「聞いてくれ」の部分は、「聞く」のはお客さまの動作であるから、尊敬表現「お聞きになる」「お尋ねになる」などを使います。

(解答例)

(2)「こちらのお品のお代金はまだ頂いておりませんが」

「この」を「こちら」に、「品」は「お」をつけて「お品」、「お金」は「お代金」と丁寧な言葉に言い換えます。「もらってない」の部分は、「もらう」のは自分の動作であるから謙譲表現「頂く (頂戴する)」を使い、さらに、「いない」の部分を謙譲表現「おりません」とします。

22. （解答例）

　本日はご来店いただきまして誠にありがとうございます。まもなく、閉店のお時間でございます。お帰りの際はどなたさまもお忘れ物のないようお願いいたします。またのお越しを、心よりお待ち申し上げております。

　まず、「今日」を「本日」に、「本当に」を「誠に」に、「みんな」を「どなたさま」にというように、丁寧な言葉に置き換えるところを押さえておきましょう。「来店してくれて」「帰るときは」「また来てくれる」はお客さまの動作であるから、解答例のように尊敬表現に直します。「心待ちにしている」は自分の動作なので、「心よりお待ち申し上げております」と謙譲表現に言い換えます。

記述問題　　V　実務技能

23. （解答例）

> お客さまの出入りに差し支えますので、ご駐車はご遠慮願います。

　出入りが誰の出入りであるか分かるよう「お客さまの出入り」とし、「できない」は丁寧さに欠けるので「差し支える」に直します。「駐車」は相手の動作であるから「ご駐車」とし、「してくれるな」は「ご遠慮ください」「お控えください」など丁寧な表現に言い換えます。

24. （解答例）

　「大変申し訳ございません。私どもの不手際でご迷惑をおかけ致しました」とお詫びし、「あいにく本日は満室でございますので、よろしければすぐ近くにお部屋をご用意させていただきますがいかがでしょうか」と言って、お客さまの了承を得て、他のホテルを手配する。

　語調を荒げている点から、本当に予約をしてくださったお客さまと考えられます。順序としては、①こちらの不手際をお詫びする、②空室があればよいのだが、本日は満室であるため、お客さまの了承を得て近くのホテルを手配して差し上げる、ということになります。

文部科学省後援

サービス接遇実務検定試験答案用紙　模擬試験

① 準① ② ●

① 受験者氏名（必ずカタカナでフリガナを付けてください）

カタカナ	(姓)	(名)
漢字		

② 試験場番号

①	①	①	①	①
②	②	②	②	②
③	③	③	③	③
④	④	④	④	④
⑤	⑤	⑤	⑤	⑤
⑥	⑥	⑥	⑥	⑥
⑦	⑦	⑦	⑦	⑦
⑧	⑧	⑧	⑧	⑧
⑨	⑨	⑨	⑨	⑨
⓪	⓪	⓪	⓪	⓪

受験票を見て、正確に数字を記入してください。

③ 受験番号

①	①	①	①	①	①
②	②	②	②	②	②
③	③	③	③	③	③
④	④	④	④	④	④
⑤	⑤	⑤	⑤	⑤	⑤
⑥	⑥	⑥	⑥	⑥	⑥
⑦	⑦	⑦	⑦	⑦	⑦
⑧	⑧	⑧	⑧	⑧	⑧
⑨	⑨	⑨	⑨	⑨	⑨
⓪	⓪	⓪	⓪	⓪	⓪

④ 年齢

①	①
②	②
③	③
④	④
⑤	⑤
⑥	⑥
⑦	⑦
⑧	⑧
⑨	⑨
⓪	⓪

数字を記入してください。

⑤ 性別

男	①
女	②

⑥ 職業

運輸・流通サービス	①
医療・福祉関係	②
ホテル・旅行関係	③
理美容関係	④
教育関係	⑤
高校生	⑥
専修・各種学校生	⑦
大学・短大生	⑧
その他	⑨

⑦ 住　所

北海道	①	滋賀	㉕
青森	②	京都	㉖
岩手	③	大阪	㉗
宮城	④	兵庫	㉘
秋田	⑤	奈良	㉙
山形	⑥	和歌山	㉚
福島	⑦	鳥取	㉛
茨城	⑧	島根	㉜
栃木	⑨	岡山	㉝
群馬	⑩	広島	㉞
埼玉	⑪	山口	㉟
千葉	⑫	徳島	㊱
東京	⑬	香川	㊲
神奈川	⑭	愛媛	㊳
新潟	⑮	高知	㊴
富山	⑯	福岡	㊵
石川	⑰	佐賀	㊶
福井	⑱	長崎	㊷
山梨	⑲	熊本	㊸
長野	⑳	大分	㊹
岐阜	㉑	宮崎	㊺
静岡	㉒	鹿児島	㊻
愛知	㉓	沖縄	㊼
三重	㉔		

⑧ 選択問題

設問	解答欄				
1	①	②	③	④	⑤
2	①	②	③	④	⑤
3	①	②	③	④	⑤
4	①	②	③	④	⑤
5	①	②	③	④	⑤
6	①	②	③	④	⑤
7	①	②	③	④	⑤
8	①	②	③	④	⑤
9	①	②	③	④	⑤
10	①	②	③	④	⑤
11	①	②	③	④	⑤

一問題につき、二つ以上塗りつぶすと不正解になります。

設問	解答欄				
12	①	②	③	④	⑤
13	①	②	③	④	⑤
14	①	②	③	④	⑤
15	①	②	③	④	⑤
16	①	②	③	④	⑤
17	①	②	③	④	⑤
18	①	②	③	④	⑤
19	①	②	③	④	⑤
20	①	②	③	④	⑤
21	①	②	③	④	⑤

注意

1. この用紙は、直接コンピューターに読ませますので、汚したり落ち曲げたりしないでください。
2. マークの記入は、HB の黒鉛筆を使い、次の<よい例>のようにマークを塗りつぶしてください。
   ボールペンは読み取れませんので、使用しないでください。〈よい例〉● 〈悪い例〉

9 記述問題

── Ⅳ. 対人技能 22 ─────────────────────────────

(1)

(2)

── Ⅳ. 対人技能 23 ─────────────────────────────

── Ⅴ. 実務技能 24 ─────────────────────────────

結婚式での写真撮影をするとき、どう並ぶのがよいか

（3級終わり）

サービス接遇実務検定試験答案用紙 模擬試験

	① 受験者氏名（必ずカタカナでフリガナを付けてください）		② 生年月日
カタカナ	(姓)	(名)	1. 昭和　2. 平成
漢字			年　月　日

③ 試験場番号

受験票を見て、正確に数字を記入してください。

① ① ① ① ①
② ② ② ② ②
③ ③ ③ ③ ③
④ ④ ④ ④ ④
⑤ ⑤ ⑤ ⑤ ⑤
⑥ ⑥ ⑥ ⑥ ⑥
⑦ ⑦ ⑦ ⑦ ⑦
⑧ ⑧ ⑧ ⑧ ⑧
⑨ ⑨ ⑨ ⑨ ⑨
⑩ ⑩ ⑩ ⑩ ⑩

④ 受験番号

① ① ① ① ① ①
② ② ② ② ② ②
③ ③ ③ ③ ③ ③
④ ④ ④ ④ ④ ④
⑤ ⑤ ⑤ ⑤ ⑤ ⑤
⑥ ⑥ ⑥ ⑥ ⑥ ⑥
⑦ ⑦ ⑦ ⑦ ⑦ ⑦
⑧ ⑧ ⑧ ⑧ ⑧ ⑧
⑨ ⑨ ⑨ ⑨ ⑨ ⑨
⑩ ⑩ ⑩ ⑩ ⑩ ⑩

⑤ 年齢

数字を記入してください。

① ①
② ②
③ ③
④ ④
⑤ ⑤
⑥ ⑥
⑦ ⑦
⑧ ⑧
⑨ ⑨
⑩ ⑩

⑥ 性別

男 ①
女 ②

⑦ 職業

運輸・流通サービス	①
医療・福祉関係	②
ホテル・旅行関係	③
理美容関係	④
教育関係	⑤
高校生	⑥
専修・各種学校生	⑦
大学・短大生	⑧
その他	⑨

⑧ 住所

北海道	①	滋賀	㉕
青森	②	京都	㉖
岩手	③	大阪	㉗
宮城	④	兵庫	㉘
秋田	⑤	奈良	㉙
山形	⑥	和歌山	㉚
福島	⑦	鳥取	㉛
茨城	⑧	島根	㉜
栃木	⑨	岡山	㉝
群馬	⑩	広島	㉞
埼玉	⑪	山口	㉟
千葉	⑫	徳島	㊱
東京	⑬	香川	㊲
神奈川	⑭	愛媛	㊳
新潟	⑮	高知	㊴
富山	⑯	福岡	㊵
石川	⑰	佐賀	㊶
福井	⑱	長崎	㊷
山梨	⑲	熊本	㊸
長野	⑳	大分	㊹
岐阜	㉑	宮崎	㊺
静岡	㉒	鹿児島	㊻
愛知	㉓	沖縄	㊼
三重	㉔		

⑨ 選択問題

一問題につき、二つ以上塗りつぶすと不正解になります。

設問	解答欄				
1	①	②	③	④	⑤
2	①	②	③	④	⑤
3	①	②	③	④	⑤
4	①	②	③	④	⑤
5	①	②	③	④	⑤
6	①	②	③	④	⑤
7	①	②	③	④	⑤
8	①	②	③	④	⑤
9	①	②	③	④	⑤
10	①	②	③	④	⑤

設問	解答欄				
11	①	②	③	④	⑤
12	①	②	③	④	⑤
13	①	②	③	④	⑤
14	①	②	③	④	⑤
15	①	②	③	④	⑤
16	①	②	③	④	⑤
17	①	②	③	④	⑤
18	①	②	③	④	⑤
19	①	②	③	④	⑤
20	①	②	③	④	⑤

注意
1. この用紙は、直接コンピューターに読ませますので、汚したり落ち曲げたりしないでください。
2. マークの記入は、HBの黒鉛筆を使い、次の＜よい例＞のようにマークを塗りつぶしてください。ボールペンは読み取れませんので、使用しないでください。〈よい例〉● 〈悪い例〉⊘ ⊙ ◑ ◒ ○
3. 消しゴムで消すときは、鉛筆の黒い跡が残らないように、きちんと消してください。

⑩ 記述問題

┌─ **Ⅳ. 対人技能** 21 ┄┄┄┄┄┄┄┄┄┄┄┄┄┄┄┄┄┄┄┄┄┄┄┄┄┄┄┄

（1）

（2）

└──

┌─ **Ⅳ. 対人技能** 22 ┄┄┄┄┄┄┄┄┄┄┄┄┄┄┄┄┄┄┄┄┄┄┄┄┄┄┄┄

└──

┌─ **Ⅴ. 実務技能** 23 ┄┄┄┄┄┄┄┄┄┄┄┄┄┄┄┄┄┄┄┄┄┄┄┄┄┄┄┄

└──

┌─ **Ⅴ. 実務技能** 24 ┄┄┄┄┄┄┄┄┄┄┄┄┄┄┄┄┄┄┄┄┄┄┄┄┄┄┄┄

太田はどのような対応するのがよいか

└──

（2 級終わり）

答案用紙の使い方 p.254〜255 は模擬試験2級 (p.225〜239) で使う答案用紙です。
コピーして活用してください。

●著者プロフィール

原田昌洋（はらだあきひろ）

1985年山口県生まれ。早稲田大学社会科学部卒業。
一般企業を経て、現在は株式会社ラ・デタントの代表取締役。
講師として、全国での企業、大学・専門学校等にて、コミュニ
ケーション・マナーをはじめとする様々なテーマの研修を企画・
実施も担当している。
・サービス接遇検定準1級面接試験委員
・秘書検定準1級面接試験委員

株式会社ラ・デタント
https://ladetente.co.jp/

STAFF
デザイン：佐野裕美子
イラスト：パント大吉
DTP：中尾剛(株式株式バズカットディレクション)
執筆協力：宇田川葉子、漆原泉
校正：みね工房
編集協力：株式会社 KANADEL
企画・編集：成美堂出版編集部

本書に関する正誤等の最新情報は下記のURLでご確認下さい。
https://www.seibidoshuppan.co.jp/support

※上記URLに記載されていない箇所で正誤についてお気づきの場合は、書名・発行日・質問事項（ページ数、問題番号等）・氏名・郵便番号・住所・FAX番号を明記の上、郵送かFAXで成美堂出版までお問い合わせ下さい。※電話でのお問い合わせはお受けできません。
※ご質問到着確認後10日前後に回答を普通郵便またはFAXで発送いたします。
※ご質問の受付期限は各試験日の10日前必着といたします。

1回で受かる! サービス接遇検定準1級・2級・3級 テキスト&問題集
2023年12月20日発行

著　者　原田昌洋

発行者　深見公子

発行所　成美堂出版
　　　　〒162-8445　東京都新宿区新小川町1-7
　　　　電話(03)5206-8151　FAX(03)5206-8159

印　刷　大盛印刷株式会社

©SEIBIDO SHUPPAN 2023　PRINTED IN JAPAN
ISBN978-4-415-23747-3